中国をどう見るか

The U.S. and Japan should scrap their Taiwan policies

21世紀の
日中関係と
米中関係を考える

浅井基文
Asai Motofumi

高文研

●——もくじ

装丁　商業デザインセンター・松田　礼一

Ⅰ章 虚像を排し、実像を求めて

1　中国人に見る人間関係の鉄則

私が中国に足を踏みいれたのは、外務省という職場に入り、中国語を語学研修の対象として選んだことがきっかけとなっている。私が外務省で研修外国語として中国語を選んだのは、中国そのものを知りたいという積極的理由よりも、なるべくアジアにかかわりのある仕事をしたい、そのためには中国語を選んだ方が確率は高くなるだろう、という打算の気持ちが強かった(その見通しは、結果的には当たっていた、というべきかもしれない)。

私が一九六三年七月末に、台湾の台北の空港に降りたときの印象として頭に残っているのは、日本では経験したこともない皮膚を刺すような暑さと、「これからどうなるのかな?」という漠とした不安感だった。中国で研修したいのに、当時はまだ国交がないために、他に選択の余地がなく行った台湾だった。蒋介石の軍事独裁に対する反感が強く、台湾行きはまったく不本意だったし、なんの魅力も期待ももっていなかった。台湾の大学で孫文の三民主義を真剣に勉強する気持ちも、はじめからなかった。中国語をモノにすることだけが二年間の滞在の目的、と割りきっていた。

だがその中国語も、先生について「語学としての中国語を学ぶこと」の味気なさに早々に耐えられなくなった。「生きた中国語を日常的に耳にできる環境のなかで生活したい」という気持ちをおさえきれず、ちょっと無理をして一軒の平屋を借り、それまでに知りあっていた中国人・李作成（蒋介石が台湾に逃げこんだときに、その渦にまきこまれて流れてきた大陸出身者。いわゆる外省人）に一緒に生活してもらうことにした。そこはまもなく、彼の友人たちが集うサロンにもなり、私の中国語も一年もたたないあいだに、彼らの会話についていけるようになっていた。

しかしこの平屋での一年半は、中国語をマスターするうえで効果抜群だっただけではなかった。私が当初予期もしていなかった劇的な変化を私は体験することになったのだ。その劇的な変化とは、その後の私の生き方に決定的に影響を与え、私の中国・日中関係に関する見方を養うことを自らの生きざまをつうじて導いた陳永善（後に作家・陳映真となる。私より四歳年上の中国人。断っておくと、彼は外省人ではなく、李登輝と同じ台湾省籍のいわゆる本省人）、そして彼を慕い、尊敬する同年代の青年たち（外省人も本省人もいた）との出会い・交流である。陳永善を中心とする私とほぼ同年代の彼らは、人間として生きることの意味について、高校時代から悩みはもちつづけながらもそのときまで何も見えていなかった私にとって、まさに生きた鏡だった。

当時の台湾では、蒋介石に反対し、中国大陸への統一を語るだけで、国家反逆罪に問われ、投獄され、拷問にかけられ、闇から闇に葬りさられてもあたりまえの重苦しい雰囲気が支配していた。しかし彼らは、私が蒋介石独裁に批判的で、中国は統一すべきだと考えていることを理解したとたんから、蒋介石反対と祖国統一へのあつい気持ちを私にためらわず語るようになった。そういう彼らと私との信頼関係はまたたく間に深まっていった。

私は大学時代から生かじりしていたマルクス、エンゲルスの文庫本とレーニン選集、毛沢東選集を台湾に持ちこんでいた（もちろん自分で読むために）。彼らは、「特務急襲」の万一に備え、この平屋の押し入れに身をひそめ、これらの本をむさぼり読んでいた。そうした彼らがねつっぽく語る祖国愛、祖国統一のために自分の生命を犠牲にする恐怖もあえて耐え忍ぶ覚悟。当時の私にはおよそ想像を絶する境地に達している彼ら。それは、私がはじめて目にした、今日でも確信をもっていえるもっとも良質の中国人の資質（いや人間としての資質というべきだろう）だった。

彼らにそなわっているもっとも良質なナショナリズムに出会って、私は否応なしに「国家」という問題と正面から向かいあうことになった。また、とくに陳永善がかもしだす包容力、ごくごく自然ににじみでる他者に対する寛容な姿勢は、「人間の尊厳」を私が素直に学び、受けいれるきっかけとなった。彼らと知りあえたことを通じて、私ははじめて本気で中国、日中関係に関心をもつようになった。

私は、その後も良質の中国人の友人、知己に恵まれてきた。モスクワの中国大使館でほぼ一週間に一度の割合で意見交換することを通じて親交を深めた劉広志夫妻、北京在勤の時に知りあって「義兄弟」のちぎりを結んだ（今の日本人には、なんと古くさいと思う人が多いだろう。しかし人間関係を重んじる中国では、この伝統は今日でも脈々と生きつづけているのである！）靳《きん》海東一家、外務省中国課長時代に胡耀邦訪日のさいに知遇を得た鄭必堅氏、現代国際研究所の若手のホープである楊伯江氏……。数えだしたらきりがない。現在の明治学院大学に移ってからも、毎年ゼミの学生と校外実習で訪れる中国各地で、それぞれの持ち場で国家建設にいそしむすばらしい人材に出会う。

私が外務省でただ一人いまも尊敬してやまない橋本恕氏（中国大使をつとめた。私が彼を知ったのは、外務省三年目に中国課で働きはじめたときだ）がいつだったかは忘れたが、こう言ったことを、私はいまもあざやかに思いだす。

「なあ浅井よ、中国人と謀略を競っても絶対に勝てんぞ。真っ正面から自分をさらけ出してぶつかるしかない。死中に活を求める、だな」

橋本氏は自ら謀略家を自認する逸材だ。日中国交正常化交渉の時、彼が国会議員に随行して訪中し、周恩来が彼らを接見したことがある。部屋に入ってきた周恩来は、議員たちには目もくれず、開口一番「橋本先生はどこにいる?」と言ったということは、長いあいだ私をふくめた「中国屋」（ちゅうごくや。外務省では中国語を研修した人間をそう呼ぶ）のあいだでの語りぐさだった。その彼にしてこの言があるのである。

私はこの発言を片時も忘れたことがないし、自分自身の中国人との接触においていつも思いおこす。そして氏の言ったことを「正にそのとおり」と実感している。いく千年もの歴史の荒波にもまれ続け、そのなかで鍛えあげられてきた中国人には、舌をまく以外にない他人の腹のそこを見すかすものすごい眼力が備わっている。私流の表現でいえば、「中国人の体内には、歴史という遺伝子が組みこまれている」のだ。知恵比べ、騙しあいをしたら、勝てるはずはない。

中国人と知恵比べで勝とうと必死になる人々（たとえば日本の多くの商売人）を手玉にとる同じ中国人が、私のように自分をさらけだし、ありのままの姿で誠心誠意ぶつかっていく者に対しては、かならず同じ誠心誠意をもって応える。それは、彼らにおいてなんら矛盾するものでもなければ、ダブル・スタンダード（二重基準）ということでもない。彼ら中国人が長い歴史の中でつちかった人間交際の鉄則なのだ。『キッシンジャー外交秘録』（小学館）を読んだことがある人なら、あの自信満々で、外交の第一人者を自任するキッシンジャーの周恩来に対する敬意にあふれた文章を思いだすだろう。その周恩来は、米中対決、中ソ対決のさなかには、対米対ソ対決外交を指揮していたのだ。

もう一つ言っておいた方がいいことがある。中国人の人間交際においては、国籍はまったく問題にならない。考えてみればあたりまえだ。長い歴史をつうじて数多くの異民族と接し、交わってきた中国人にとって、国籍などという近代以後の人工的な概念が入りこむ前に、人間交際についての鉄則はすでにできあがっていたのだから。

私はあえて言いたい。中国は評論家が扱うような題材ではない。評論家が、傍観者として中国や日中関係について書くことはつつしんでほしい。この本を読んでいただければ分かってもらえると思うのだが、中国は日本にとって、評論家が片手間に扱うにはあまりにも重要な存在なのだ。日中関係は「火遊び」の対象とするには、あまりにも大切な関係なのだ。

金もうけの人に、「金もうけの対象として中国を見るな」というわけではない。改革開放の中国はたしかに金もうけを必要としている。しかし、金もうけの気持ちで中国人に接する人が、以上に述べたような中国人のすばらしさを実感できる機会はほとんどないだろう。うわべだけのつきあいで得た「中国人像」に基づいて、中国についての「ハウ・ツー」ものを書くことは、百害あって一利なし。とくに日本ではなぜか「中国のことは分かっている」と錯覚をもっている人々が多い。そんな読者をあてこんで、「日本人が金もうけに徹する気持ちなら、こちらも」と応じる中国人を、「これが中国人」と書きたてるのは、自分自身の身勝手さを棚あげした態度ではないだろうか。

2　今なおゆがんだままの中国像

私と中国のつきあいも、早いものでもう二七年、四半世紀以上ということになる。とはいっても、私は愛知県で小学校の教師をしていた父親のもとに生まれ、親戚縁者のなかに中国とかかわりをもっていた人もいなかったこともあり、外務省にはいるまでは、まるきり中国とは縁がなかった。強いていうなら、大学時代に魯迅の『阿Q正伝』を読んだことが記憶のかたすみにある程度だ。どうして読む気になったのかもいまでは定かでないし、正直に白状するが、魯迅がこの小説を書いた時代の中国のみじめな状況についての予備知識すらもちあわせていなかった私には、「なぜこの本がそんなにすごいと評価されるんだろう」という程度のことで終わってしまっていた。

ちなみに『阿Q正伝』は、中国についての認識を得る素材として読むことは推薦しかねる。かなり中国の現代史についての知識をもちあわせた人で、中国の実像についてもある程度の実感をもつようになった人が、自らが「実像」と感じ、思うものが確かかどうかをチェックし、中国についての認識をさらに深めるための素材として考えるべきだろう。中国にまるきり無知の二〇歳になるかならないかの私に歯がたつような代物でなかったことは、今にして納得できる。

私のようにもともと中国と接点が少ない、というよりまるきりない日本人は、いまの日本ではむしろ少ないような気がする。「中国」と聞いて、「遠い国・存在」と感じる人も少ないだろう。地理的なことをいっているのではない。もちろん、地理的に近いことは、私たちが中国を身近に感じるようになった大きな原因であることはまちがいない。地理的に近いからこそ、中国文化がとだえることなく日本に流れこんできたのだから。

しかし、日本で流される中国についての知識がどんなにあやふやなものか、時にゾッとさせられることすらある。つい最近経験したとんでもない例を紹介しよう。

ゼミの時間のことだった。ある学生が「中国には、『人間だるま』ってあるんですか?」と聞くのだ。さっぱり意味が分からなかった。その学生に聞くと、友人との話のなかで出てきたという。要するに、中国へ行く日本人の手足を切って「人間だるま」にしてしまう、ということがあるから気をつけろ、といわれたのだそうだ。私が担当しているゼミでは、校外実習という課目があって中国に行くことにしている。そのことを聞いた彼の友人(立教大学の学生だといっていた!)の発言ということが分かった。

冗談で聞いているのかと思ったが、どうもその会話自体がいわゆるマジであり、質問した彼も本気で「そうだったら、中国に行くのも怖いな」と思っていることも分かってきた。「おいおい、ホントにマジかよ?」と思わず声に出かかったのだが、彼の真剣な顔を見て思いなおした。

この手の話はけっこう多い。キリスト者であるやはりゼミ生だった卒業生が、「中国ではいまも人を食う」とまじめに信じこんでいる人が身近にいる、といって嘆いていたこともある。このような「知識」が横行する日本だから、「中国は怖い」というイメージが簡単に頭のなかに入っていってしまう。最近はやりの「中国脅威」論は、こういう日本人が多いことにつけこんで流されるもので、じつに悪質だと思う。

「中国脅威」論に触れたついでにいっておきたいことがある。最近日本を訪問した鄭必堅氏と昼食を一緒にする機会があったときに、彼がいっていたことだが、私もまったく同感なので紹介しておきたい。

「歴史をふりかえればすぐ分かるように、日本が中国の軍事侵略に直面したのは、元寇の時だけだ(筆者注:ジンギスカーンは中国公認[?]の英雄の一人と位置づけられている以上、その息子[フビライ]が組織した蒙古襲来は中国の侵略と位置づけられるだろう)。しかし漢人が支配した王朝の時代には、たとえば明のように東アフリカまで遠征する海軍力をもっていた時代でも、日本侵略などまったく支配者の頭のなかになかったことを思いだしてもらいたい。まして今日の中国は、改革開放をやりとげることが最大の課題で、それには最低でも一世紀の時間がかかる。日本と経済交流を強めたい中国がどうして日本を破壊することになる侵略を考える余地があるだろうか。そもそも、中国に日本を侵略するような軍事力がないことは、日本の政治家たちがいちばん知っていることではないか」

「中国脅威」論は、また後で書くことになるので、話をもとに戻そう。とにかく日本にとって重み・存在感を感じさせる国家としては、明治維新までは朝鮮とならんで中国がダントツであった。当時の交通手段は幼稚なものだったから、人の往来は少なかったが、それでも節目節目に中国から伝わってきたもの・思想が日本人の生活や考え方に与えた影響は無視することができない。たしかにその影響がおよんだ範囲は支配層や知識人に限られていた。ふつうの日本人が中国を意識することはほとんどなかっただろう。しかし明治維新、とくに日清戦争以後になると状況は大きく変わった。

しかしこの変化は、日中関係にプラスとして働くものではなかった。すでにアヘン戦争以後、欧米列強に足蹴にされる中国を日本人は「眠れる獅子」と軽蔑をこめて呼ぶようになり、明治維新以後は「脱亜入欧」というように、学ぶべき相手はヨーロッパであり、アジアとくに中国からはもう学ぶものはなくなったという気持ちが支配的になっていた。それでも「眠れる獅子」

はいつ何時目を覚ますかもしれない、というおそれの気持ちはあった。

　ところが日清戦争（一八九四―九五年）で勝利した日本は、中国を「死せる獅子」と完全にさげすむようになり、欧米列強の後追いをして中国侵略につき進むことになる。かたい表現でいえば、日本軍国主義による中国の植民地化政策の本格化だ。しかも多くのふつうの日本人が、兵士として、また、開拓民として中国大陸に足を踏みいれ、中国を身近に感じることになった。中国について日本の一般民衆レベルでの「物知り」が増えた時期といえるだろう。「支那そば」という言葉は現在もまだ死語になっていない。年代のいった人のなかにはなお「支那」という軽蔑がこもった言葉を無意識に使っているものもいる。ごくごくふつうの人々である日本人が中国に対する根拠のない偏見にそまったのは、そんなに昔のことではないのだ。

　日本は一九四五年に敗戦した。ところがこの敗戦についても、「日本が負けたのはアメリカに対してであり、中国では勝っていた」と真顔でいう者がいる。いまはやり（?）の自由主義史観の人たちだけに限られているわけではない。しかもそんな雰囲気が支配的なところにアメリカの反共・反中政策がもちこまれた。「共産中国＝脅威」というこり固まった見方は、このころから人々の中国に対する目を狂わせることになる。

　一九七二年までの関係が正常ではなかった時代、それでも日中の交流は心ある人々の努力によって細々とではあっても続けられた。しかし、軽蔑と脅威についての気持ちがないまぜになって作りあげられた中国についてのイメージがうち消されるということにまではならなかった。そして六六年に毛沢東がはじめた文化大革命は、それまでの軽蔑とおそれがないまぜになっている多くの日本人の中国像に、あらたに「中国はわけが分からない国」という印象をつけ加えることになった。

この状況は、一九七二年の国交回復以後、交流のレベルが拡大し、深まるにつれて次第に改善のきざしがでてきた。最近中国を訪れると、日本からの中学・高校生の修学旅行の団体に出くわすことが多い。レストランに入れば、かならずといっていいほど日本からの団体客にぶつかる。彼らはかけ足で中国の表層をかすめ見る。「百聞一見に如かず」というとおり、いいことであるにはちがいない。ただ願わくば、もう少し時間の余裕をとってじっくりと見てほしいと思う。中国理解はさらに深まることだろう。

以上をふまえて、私が最初に私自身の中国との接点がうすいことを述べた理由を話したい。中国が話題にのぼると物知り顔に話す人が多いのは、考えてみれば変な話だ。他の国のことでこんなに物知り顔で話が交わされる光景にはめったにお目にかからない。しかし私はどうもすなおに喜べないのだ。

実感としていうのだが、中国の実像を正しく理解するうえでは、生かじりでゆがんだ（とあえていう）知識・体験をもっている人よりも、白紙状態で中国に接する人のほうがいい。かけ足で中国を修学旅行させせられる生徒たち、観光地で傍若無人にふるまう日本の団体客を見るたびに、彼らが知らず知らずのうちにどんな生半可な中国像を身につけて帰っていくのかと思うだけで、ゾッとした気分にさせられる。戦前の日本人とほとんど変わりはないのではないだろうか？ 同じことは、中国を知ろうとしてではなく、商売その他の動機で中国に足を踏みこむことになる日本人の多くについてもあてはまると思われてならない。大きい書店の中国コーナーにあふれる「中国もの」を取り上げる気持ちにならないのは、私が傲慢だからではない。

そんな気持ちをもちつづけてきた私がこの本を書こうと思うのは、私が理解する中国の本当の姿を少しでも多くの日本人に知ってほしいからである。そして私がこれから書く中国像に対して「なるほど」と感じてくれる人ならば、中国の対日政策、対米政策にはウソはなく、日中関係、米中関係がおかしくなるとしたら、ほとんどの場合、日本側、アメリカ側に原因があることも分かってもらえると思う。人のことをあれこれという前に、我が身をふりかえることがいま一番必要なときではないだろうか？ これこそ私がこの本で読者に伝えたい最大のメッセージである。

3　中国批判に見る三つのパターン

国交が回復してから、日中関係はずっと順調だったが、その関係に黒い雲が覆うきっかけとなったのは天安門事件（一九八九年）だった。波静かだった日中関係という湖面に、天安門事件という石が投げこまれておこった波紋の大きさははんぱなものではなかった。石の大きさには不相応な波紋の輪のひろがりをもたらしたおもな原因は、その後におこって日中関係の悪化を導いたもろもろのできごとと関係がある。しかし、「天安門事件＝人権抑圧」という理解が波紋の輪をさらに大きくしたことはまちがいない。

しかしこういう光景を見るたびに、私たちの人権感覚は、他国の人権問題を無視していられないぐらい研ぎすまされるまでになっているのか、といつも思わずにはいられない。

私は常々、国内でおこる人権問題に無頓着を決めこむ人が多いことにあ然とし、暗い気持ちになる。しかも日本では、過去をひきずらないことを美徳と考える人が多い（その典型が、日本の中国侵略を口にする中国に、多くの日本人が示す、またか、とうんざりする表情だ）。その日本人が天安門事件に示した反応、そして今日まで尾をひくその余韻の深さは、まるで別人のようだ。

この別人ぶりは、①中国の実情を無視する、あるいはまったく知らない、②自分のことは棚あげして、他人のあら探しをする、③ためにする議論、などがごちゃ混ぜに作用した結果としか考えられない。中国通を自認する多くの日本人にひそんでいるかたよった、表面しか見ない見方の特徴ともいえる型は、天安門事件のときに一気に吹き出した感じがある。

(1)　「実情無視・無知」型の中国批判

魯迅はかつて、中国の民を「一億の砂」にたとえた。放っておいたらバラバラになっておさまりがつかなくなる中国人の性格を見事にいい表した言葉だ。この中国人の性格をふまえたうえで、毛沢東は中国の特徴を「一窮二白」という言葉で表したことがある。「貧しく、何もない」という意味だ。鄧小平の場合は、「発展途上の社会主義大国」だ。発展途上、社会主義、大国の三つがポイントであることは、すぐ分かるだろう。江沢民の時代になると、「社会主義初級段階」となる。社会主義とはいっても、まだその入り口にある、ということを指している。

三人に共通するのは、中国は貧しく、よほど手綱さばきをしっかりしないとバラバラになってしまう、という中国の現実を見すえる目だ。そこからでてくるのは、「求心力をもたせて、貧しさをなんとかして克服する」という不退転の決意だ。

三人が行う具体的な政策は、それぞれの考え方とそれぞれが直面した中国の貧しさの程度によって違いはある。だが、私たちの想像をこえる貧しさを解決するためには、「六億の砂」(毛沢東の時代)、「十数億の砂」(鄧小平と江沢民の時代)の民を強力な指導力のもとで一致団結させることが大前提だと考える点で、三人は一致している。

たしかに一九五〇年代後半以後の毛沢東は、現実を見すえる目をだんだんと曇らせていき、文化大革命をひきおこし、貧しさの解決どころか、一〇年にもわたる混乱と国民的な分裂を招いてしまった。その一部始終をしっかりと見とどけた鄧小平だからこそ、「実事求是」(現実から出発し、その中から真理・原則を見つける。私流にいうと政治的リアリズム)と「安定団結」「共同富裕」(みんながともに豊かになる)の重要性を口がすっぱくなるほど強調しつづけたのだ。

鄧小平は、中国経済の回復・発展の軌道を敷くことまではなしとげ、国民に将来に対する希望をもたせることに成功し、国民的安定団結を回復した。江沢民は、鄧小平が敷いたレールをさらに延長させ、根本的な貧しさの解決をなしとげようとしている。このレールを敷くことは決して簡単ではない。

一つの分かりやすい例で考えてみよう。国鉄をJRに衣替えしたさいのむずかしさを考えてみてほしい。JRは、国鉄の膨大な債務は国民に負担させるかたち(清算事業団)で切り捨て、もうかる路線だけを自分のものにし、余剰人員は切り捨て、もうからない路線は廃線または「第三セクター」への押しつけでやり過ごし、自分だけはわが世の春を謳歌している。だがそのことがもたらしたものは、国民負担の増大であり、国民生活の犠牲であり、国鉄従業員に対する過酷な仕打ちである。

社会主義の中国の国有企業は何万社もあり、いうならば全部「国鉄」なのだ。とてもＪＲ的「解決」でやりすごすことができるような代物ではない。また、国有企業に働く一億をゆうにこす労働者を対象にＪＲ的荒療治をやったら、社会不安は避けられない。国民に負担・犠牲をおしつけるやり方は、中国経済を破産に追いこむだろうし、これまでの安定団結を水の泡にするだろう。

ソ連が崩壊した後のロシア経済を見れば分かるように、ごくごく一握りの人々は豊かになるだろうが、大多数の国民は貧困にあえぐことになる。「共同富裕」も、夢のまた夢になってしまう。一九八五年頃から本腰をいれて始まった国有企業の改革はとてつもない難事業なのだ。「安定団結」は、あらゆる政策の出発点であると同時に、あらゆる政策の目指すところでもあることが分かるだろう。

天安門事件は、鄧小平引退の直前におこった政治的な大波だ。手綱をゆるめ、学生の要求した「政治的自由」を認め、いまや一二億以上のサラサラの砂にも似た中国人がてんでんバラバラに動きだすことになったら、どんな結果を招くか。あふれるばかりの中国人が四方八方に流れだしたらどうなるか。日本は真っ先に大波の襲来を受けるのだ。

しかし、日本の多くの国民は、このような中国の実情など知るよしもないから、テレビの画像と新聞報道に燃えてしまう。それでも丁寧な報道が続けば、天安門事件についても次第に冷静な判断が可能になったのではないか、と思うのだが、そういうしっかりした後追い記事を省くのは日本のマスコミの通弊だ。中国の実情が日本国内に伝わってこないのは、なんといっても日本のマスコミの報道姿勢に最大の原因があるだろう。「実情無視・無知」型は「マスコミ操作」型といいかえることもできる。

もちろん日本で自衛隊が国民に発砲したら、私だって命がけで抵抗する。それは、私たちの人権を奪いあげようとするものだからだ。しかし、天安門事件では、一部の学生の要求に応じたら、一二億の民のかつかつの生活を根底から危うくする結果になっていただろう。そして国際社会の安定までもが脅かされる事態になっていた可能性が大なのだ。

「実情無視・無知」型の人は、そんなのは私の勝手な推論にすぎないと反論するかもしれない。しかし、一九九〇年代に入ってからのソ連・ロシアの足どりについては、多くの日本人もその行く末に不安をもっているだろう。ロシア経済たて直しのしっかりした政策をもちあわせていない政権のもとで、ロシアとロシア国民はどういう境遇におちいっているか、そしてこれからどうなるのか、不安の種はつきないはずだ。

私も、自国民を弾圧するために軍隊を動かすことは、いかなる理由であれ、決して同意できない。しかし、以上の中国の実情を前提としてふまえるかぎり、一二億の人民の生命（生存権）を重んじるか、数千の学生の要求（市民権）をのむかのぎりぎりの選択を迫られ、前者をとった鄧小平を、私たちは軽々しく批判できるだろうか。「実情無視・無知」型の人たちに考えてほしいのはまさにこの点にある。

「実情無視・無知」型の人に見られるいまひとつの反応は、天安門事件で軍隊を動かした鄧小平と、腐敗をきわめ、人民を気ままに弾圧するアフリカの独裁者を同列におく傾向だ。これは、どう見てもまちがっている。江沢民が天安門事件の見直しはありえないというのは、彼を抜擢した鄧小平に対して恩義を感じているからだなどと考えるのは、中国の実情をわきまえない人にありがちな生半可な理解の産物だ。外国の圧力に屈しないために虚勢を張っていると決めつけるのも、中国の実情に対する理解を欠いている、としかいいようがない。

「実情無視・無知」型の人にいいたいことは、「まずはなにより、中国の実情を曇りない目で見ることにつとめてください。そうすれば、中国に関する見方がずいぶんと変わるでしょう」ということだ。

(2) 「自分のことは棚に上げ」型の非難

天安門事件についていつまでもこだわる人のなかに、「自分のことは棚に上げて、他人のあら探しをする」二つの質のまったくちがった型を見る。

✴「中国の人権」に〝こだわる〟保守政治家

中国は社会主義だ。「社会主義と、人権・民主とは両立しない」↓「天安門事件は人権抑圧だ」↓「だから中国と仲良くすることはできない」↓「中国は脅威だ」。このたぐいの論法（?）がけっこう受ける。しかし、社会主義とは、資本主義に対していわれる経済制度のあり方だ。人権・民主という国際的に広く認められた価値（普遍的価値）と対立するものではない。このようなことは、社会主義の考え方が生まれた西欧諸国では常識だ。これに加えてすでに述べた中国の実情（国情）を冷静に理解するものであれば、こんな論法に納得するはずがない。

だが重要なことがある。中国の人権問題に〝こだわり〟を見せ、こういう論法をふりかざす多くの人が、じつはもともと中国を毛嫌いしているか、中国を「善玉」としてとらえることに不都合を感じる人と一致するということだ。こういう人たちは、はじめから中国をあしざまに決めつけようとする結論が先にある。そのために利用できる材料はなんでも利用する。彼らが

「中国脅威」論者と重なるのは不思議でもなんでもない。

しかしこういう人たちにかぎって、日本国内の人権問題にはまったく関心がない。関心がないなんて程度ではない。日本のアジア侵略の歴史をゆがめる。「南京大虐殺はなかった」と言いはる（自由主義史観の旗手を自認する藤岡信勝氏にいたっては、虐殺はあった、しかし大虐殺といえるかどうかはどれだけの人が殺されたか、しっかりした証拠がなければ断定できないはずだという科学的［?・］主張だ。だが、コソボで数万人のアルバニア系住民が殺されたことについては、大虐殺［ジェノサイド］が行われたと国際社会のみんなが認めている。藤岡氏は何万人以上なら大虐殺だと認めるのか、聞きたいものだ）。

あるいは「従軍慰安婦は強制ではなかった」としらを切る（国際的にその厚顔無恥さについて批判されている日本政府すらが認めているのに！）。

とにかく日本という国家が犯した、天安門事件などかすんでしまうような悪事の数々を絶対に認めようとしないのは、まさに彼らなのだ。こういう彼らを称して「自分のことは棚に上げ」型という。

それでもまだこの人たちの腹の虫はおさまらない。周辺事態法、本格的有事法制、改憲、「日の丸・君が代」を国旗・国歌にする、盗聴法、住民基本台帳法、地方分権一括法などなど、憲法が保障する基本的人権を葬りさろうと躍起になっているのは、まさに彼らなのだ。他人様

（中国）の人権をふみにじったことをもみ消すだけでなく、自国民の人権・民主も根こそぎ奪いあげようと血眼なのだ。ここまで来ると、もはや「自分のことは棚に上げ」もきわまった、というほかはない。

✴「人権・民主」を念仏がわりに唱える人々

「日本には人権・民主を保障する憲法がある。だから日本は人権・民主の国だ。それにひきかえ中国は――」こういう論法もよく耳にする形の一つだ。この論法は善意の国民のあいだでもかなり広がっている。

この論法のおかしさは、日本に駐留するアメリカ軍、自衛隊、そして日米新ガイドラインのことを考えればすぐ分かるはずだ。戦争を禁止し、軍事力は使うことはおろか脅かしの手段としても持ってはいけないし、海外派兵などもってのほか、と憲法にはハッキリ書いてある。新ガイドライン安保・周辺事態法・有事法制は、そんな憲法の定めを泥靴で踏みにじるものであることは、多くの国民も感じている。

しかし、国民はときに奇妙な反応をする。私は、『南日本新聞』（鹿児島県の地方紙）が県民を対象に行った世論調査に協力して、この奇妙な反応の典型に出くわした。鹿児島が戦争協力に巻きこまれることには、圧倒的多数の県民が強い拒否反応を示す。しかしアメリカから協力を求められたら応じるしかない、と答える県民がやはり半数をこえるのだ。さらに私は、調査結果を見て深刻な事実にぶち当たった。新ガイドライン・周辺事態法のことを詳しく知っていると答えた人は一％に満たなかったのだ。

アメリカあっての日本だから、現実問題として対米協力はやむをえない。でも平和主義の憲法があるから、よもや最悪の事態にはならないだろう。県民の反応は、こうまとめるしかない。まさに平和主義・憲法は、念仏がわりになっている。この反応は、おそらく鹿児島県民だけのものではなく、むしろ多くの国民の気持ちを代表していると見られる。

戦争で悲惨な体験をして、戦争はコリゴリのはずの国民であってもなお、平和主義に対するこのあいまいさ。ましてや人権・民主という普遍的価値が、国民の背骨としての地位を占めているとは、残念なことではあるけれども、思えない。それは、国民が人権・民主を権力から闘いとったものではなく、その価値の得難さ・尊さが本当の意味で分かっていないからだ。

多くの国民は、権力による侵害に対する人権・民主のもろさ、つまり、人権・民主は数限りない人民の犠牲のうえにようやく権力から闘いとったものであり、国民の側が権力に対して不断に身構え、守りきる決意を伴わない限り、簡単に権力に奪いあげられてしまうもろさをもっているということを真剣に考えるには、今なおほど遠い状態にあると考えこまされるのは私だけだろうか。

人権・民主に対してこんなあいまいな感じしかもっていない日本人、自らの人権・民主が風前のともしびになっていることにもひしひしとした緊張感を持ち得ないでいる日本人が、天安門事件を弾圧した中国指導部を、反人権・反民主と非難する。ここにもやはり、保守政治家とはちがった「自分のことは棚に上げ」の型がある。

「自分のことは棚に上げ」型の前者、すなわち保守政治家にはなにをいっても、「馬の耳に念仏」だろう。しかし私は、後者の人たちには、次のように呼びかけたい。

「念仏だけで、本当に問題は解決しますか？　自分の生命にかかわる問題に念仏で逃げるだけでいて、他人様（中国）にまで空念仏を押しつけるのですか？　仏を作ったら、魂を入れましょう。他人様に伝えるものがあるとしたら、形としての仏像ではなく、仏像を作る私たちの入魂の精神ではないでしょうか？」と。

(3)　「ためにする議論」型の非難

この型は、「自分のことは棚に上げ」の立場の保守政治家とかさなる部分が多い。ただし、分けて考える意味がないわけではない。中国が社会主義であるかどうかに関係なく、中国を日本の脅威・ライバルと決めてかかる日本人は、昔から少なくない。中国を常にそういった目でしか見られない人は、中国の立場が弱くなることに資するなら、なんでもしたがる。中国は、天安門事件で先進諸国の集団制裁にあった。となれば、それに乗らない手はない。これが「ためにする議論」型の人々の反応だ。

「ためにする議論」型の多くは、台湾が中国と統一することを必死になって邪魔しようとする人たちとかさなっているし、中国包囲網をつくることにことのほか熱心なのもこの型の人に多い。中国がなにをしても、すぐ「中国脅威」と騒ぎたてるのも、この型の特徴だ。軍事費増大、兵器近代化、核実験、台湾沖ミサイル発射・軍事演習、尖閣、東沙・西沙・南沙群島領有問題などなど。

しかし「ためにする議論」型の多くの人々は、軍事知識が一般国民よりはるかに豊富で、自分たちがとなえる「中国脅威」の実体が脅威からかけ離れていることを、じつは誰よりもよく知っている。中国の軍事費増大、兵器近代化、核実験は、圧倒的なアメリカの軍事力からわが身を守るための必死の努力だということだ。

一九九六年春に中国が行った台湾沖合いに向けたミサイルの発射は、アメリカ・日本の台湾ロビーの後押しを頼りに李登輝が台湾独立に暴走する危険を阻止するためのやむにやまれぬ行動だった。日中間で尖閣が問題になるのは、いつも日本側が先手をとってなにかするからだ。

中国が、ロシアそして中央アジアの旧ソ連から独立した三国と外交交渉で国境を確定したこと、インド、ヴェトナムとの国境問題も外交交渉で解決する話しあいが進んでいることは、国際的には秘密でもなんでもない。領土問題で中国が好戦的だと決めつけるのは、ためにする議論なのだ。

より根本的に、貧しい途上国の中国は、いま全力で国家建設を進めたいのだ。すでに鄭必堅氏の話は紹介した。いたずらに自らことを起こし、ただでさえ窮屈な財源をどうして軍事拡張に向ける気持ちになるというのか。ところが「ためにする議論」型の人々は、中国が経済発展し、日本を追いこし、押すに押されぬ大国になるのが我慢ならない。少しでも彼らの経済建設を遅らせることは、それだけ日本の優位を長もちさせることにつながる、と考えているようだ。そんなことを考える前に、まずは自国の健全な成長を考えるのが筋だと思うのだがどうだろうか。

「ためにする議論」型の人々は、「自分のことは棚に上げ」型の前者の人々以上に確信犯だから、なにをいっても無駄だろう。こういう人たちにいうことがあるとすれば、「歴史がいずれ公平な結論を示してくれるでしょう」ということぐらいしかない。

4 今日の中国を理解するための三つの視点

現代の中国を考える前提として、私たちがふまえておきたい基本的な点を整理しておく。

①「国家」としての中国については、中国はふつうの「国家」として、もう少し正確にいうとふつうの「大国である国家」としてみること、②「日本の相手」としての中国については、「ふつうの国家関係という面」と「日中関係ならではの面」とをあわせもつ関係としてとらえること、この二つの面をハッキリ区別することを出発点におくことが中国理解のカギだ。

この二つを区別することがなぜ大切か。「国際社会における中国」、「アジアにおける中国」そして「日中関係における中国」という三つの角度から考える。ここでは、「国際社会における中国」「アジアにおける中国」を扱う。「日中関係における中国」については第Ⅱ章でくわしく考える。

(1) 国際社会のなかの大国・中国

国際社会と大国・中国とのかかわりについては、いくらでも考えるポイントがある。ここでは、その中から「これだけは忘れては困る」二つのことだけを抜きだして考える。

＊「二つの顔」を持つ中国

現実の国際社会のなかで、中国は二つの顔をもっている。一つは大国としての顔であり、もう一つは発展途上国という顔である。この二つの顔をあわせもつ国としては、ほかにもブラジル、インド、ナイジェリア、インドネシアなどいくつかあるが、中国の前では色あせて見える。急成長してきた経済力、核兵器保有国、国連安全保障理事会の常任理事国、そのいずれもがブラジルほかには備わっていない。

中国はこの二つの顔をあわせもつことで、国際社会において他に類を見ない独特な立場にたち、影響力をもっている。先進国は中国に一目をおくしかなく、途上国は中国の動きを注視する。経済、政治、軍事、さらには国際関係全体のバランスとり（いわゆる「勢力均衡」）、いずれをとっても中国ぬきには語ることができない。

✳二一世紀の国際関係を左右する米中関係

米中関係については第Ⅲ章でくわしく扱う予定だ。ここでは米中関係がなぜ重要であるのかについて簡単に見ておく。

唯一の超大国であるアメリカと二つの顔をもつ大国である中国との関係は、二一世紀の国際関係に圧倒的な影響を及ぼすことになるだろう。米ソ冷戦は、ソ連がなくなり、ロシアは資本主義国として歩みはじめたことであっけなく幕となった。クリントン政権は、その勢いで中国を第二のロシアにする戦略を追い求めている。アメリカは、アメリカがこれだという価値観を受けいれるものだけをメンバーとする「特権グループ」（クリントンは国際共同体と名づける）をつくることを対外政策の中心にすえているが、このグループに中国をも引きこもうというわけだ。つまり中国を資本主義国にすることなのだ。

クリントン政権は、つい最近まで、アメリカの言いなりになることに抵抗する国家に対しては、「ならず者」として力ずくでも押さえつける政策を進めてきた。中近東のイランやイラク、東アジアでは北朝鮮が「ならず者」と烙印をおされ、制裁と排除の対象となってきた。ユーゴについては、ミロシェビッチ大統領を「（コソボのアルバニア系住民に対する）大量虐殺の張本人」として国際手配させ、ユーゴに対して無差別爆撃を行った。

ユーゴ空爆には、中国がアメリカの言いなりになることを拒否すれば、ユーゴと同じ運命が待ちうけているという脅しの意味がこめられていた。少なくとも中国はそのように受けとめていた。在ユーゴ中国大使館に対する空爆は、アメリカが「ならず者」と決めつけたとたん、国際法・ルールを無視して襲いかかることを見せつけた。そのアメリカは、中国と全面対決する可能性をも念頭において、日本を急がせ、日米新ガイドラインによる軍事同盟の強化と変質を着々と進めている。中国は、アメリカの言外の脅迫と政策のもつ意味を肌で感じとっている。

中国がアメリカに対する警戒感を強めていることは、決して現実ばなれの妄想と片づけることはできない。もちろん中国も、アメリカがやみくもに中国に襲いかかると決めつけているわけではない。しかし、クリントン政権が対中戦争のシナリオも念頭においた戦略を進めているという事実を、中国はなによりも危険なことと考えているのだ。

しかし中国がアメリカに対して完全に受け身に立たされていると考えるのはまちがっている。途上国で安保理常任理事国でもある中国は、国際世論に訴える影響力という大きな強みをもっている。ユーゴ空爆で、途上国を中心に、「何をしでかすか分からない」アメリカに対する警戒感は確実に広がっている。米中対決になれば、中国は国際政治の場でアメリカに対して優位に立つ可能性は大きい。そのことは、アメリカが中国に対して軍事力を使うことをためらう大きな圧力材料として働くことだろう。

(2) 考えられない「中国抜きのアジア」

アジアにおける中国の存在を考えるうえでは、軍事力は大した意味をもっていない。中国の軍事力はなによりもアメリカに対抗するためのものであり、近隣諸国とのあいだで領土問題をめぐって小さないざこざはあるかもしれないが、多くのアジア諸国は中国の軍事力が自分たちに向けられたものではないことを理解しているからだ。

中国はいうまでもなくアジア大陸の中心に位置している。中国の国境線を東のはしから時計まわりに地図を見ると、北朝鮮、ヴェトナム、ラオス、タイ、ミャンマー、インド、ブータン、ネパール、パキスタン、ウズベキスタン、カザフスタン、トルクメニスタン、ロシア、モンゴルと陸つづきで国境を接している。なんと一四カ国である。陸つづきではないけれども、韓国、日本、フィリピン、マレイシアとも海の上では国境を接している。さらにカンボジア、バングラデシュ、アフガニスタンとも近い関係にある。

しかも歴史、文明において共通の基盤をもつ欧州諸国とは異なり、アジアではそれぞれの国家が独自の文明の花を咲かせ、固有の歴史をたどって、今日のアジア国際社会ができあがっている。中国は世界的な文明の発祥地の一つだが、早くから異なる文明、異質な存在と接触をかさね、異質なものに目をとがらせる度量の狭さはない。シルク・ロードを通じた東西文明の交流、北方民族や朝鮮半島との長いつきあい、上下関係という制約はあったが近隣諸国との外交関係。個別なものとしては、玄奘《げんじょう》のインド仏教への旅、鑑真《がんじん》と日本、明の時代の大航海、明末清初のイエズス会宣教師の渡来など。

今日の中国外交の基本である平和共存五原則は、中華人民共和国の建国後わずか五年の一九五四年に周恩来首相（当時）がインド、ビルマを訪問したときに確立したものだ。中国は一貫してアジア諸国との関係では、自らことをおこし、荒だてることにはことのほか慎重だった。

この結論には反論があるかもしれない。

たとえば一九五四年のインドシナ問題に関するジュネーヴ会議（ヴェトナムの利益を犠牲にする中国にヴェトナムが不満をもったという）、一九六二年の中印国境紛争、一九七九年のヴェトナム侵略、そして近年の東沙、西沙、南沙をめぐるごたごたなどを、中国の大国主義、拡張主義のあらわれと決めつける向きは少なくない。しかし、「アジア諸国との関係では、自らことをおこし、荒だてることには、ことのほか慎重であった」という結論はやはり変わらない。この点を考えるには、歴史、経済にも目を向ける必要がある。

中国とアジア諸国の交流の歴史についてもいろいろな見方がある。「中国の対外関係の歴史＝中華思想にとらわれた大国主義の歴史」とする見方は、「中国は脅威だ」と主張する人々によく見られるものだ。

私も、一九世紀中頃までの、具体的にはアヘン戦争でイギリスに敗れる（一八四二年）までの中国に限るならば、そういう中国であったことに強い異論はない。だが一九世紀中頃以後の中国となると話はまったく別になる。前にも述べたように「眠れる獅子は死せる獅子になった」とあざけられ、国際社会の最底辺にまでつき落とされた。しかし中国人は、一九世紀にいやというほど味わわされた屈辱感をバネにし、その屈辱を克服することに民族としての誇りをふたたび見いだしていった。この点を認識することが、今日の中国を見るうえでは決定的に重要だ。なぜなら中国は、最底辺にある国々の悲しみや苦痛を自ら体験することを通じて、大国主義を自ら清算したからだ。

中国はいまふたたび世界の超大国として再生する道を歩みつつある。その中国がアジア諸国や他の途上諸国に接する態度を理解するうえでは、『鄧小平文選（一九八二―一九九〇年）』（邦訳あり）を読むにかぎる。鄧小平の言葉のはしばしから、大国としてのおごりを自らいましめる過敏なまでの自制心が中国の対外政策を貫いていることが理解されるはずだ。この姿勢はアジア諸国に対してとくにいちじるしい。中国が大国になればなるほど、近隣諸国の中国を見る目はさらに警戒的になることを、中国は十二分にわきまえているからだ。

もちろん、大国としてのおごりをいましめる考えがすべての中国人に理解されているわけではない。また、アメリカの危険な政策（前述）が中国の民族感情を刺激し、アメリカに対抗する「大国」意識という形をとって噴出することもある。『ノーといえる中国』(邦訳あり)などはその産物だ。しかしアメリカに対する対抗心が、そのままあらゆる方向にむかって大国主義となって暴走するということではないのだ。

政権にある党が特権化し、腐敗することは、日本の政党政治の歴史でもあたりまえ、世界的にもよくあることだ。一九一七年の革命以来ずっと政権の座にあったソ連共産党もご多分にもれなかった。毛沢東は、ソ連共産党でおこった腐敗が中国共産党にもおこることに警戒感を強めた。毛沢東が文化大革命に乗り出した最大の目的が、中国共産党の特権化と腐敗を根絶することにあったことはたしかなことだ。

しかし文化大革命の手口は、なにも知らない青少年の毛沢東に対する崇拝心をあおって、党の組織・党員幹部に暴力で襲いかかる形をとってしまった。いったん手綱をゆるめられた青少年はもはや毛沢東の抑えもきかない暴徒となってしまった。経済の正常な運行がとどこおっただけではない。特権化し、腐敗を深めていた党組織・党員幹部の行状が容赦なくさらけ出され、共産党の権威は泥にまみれた。

長年党を信じて貧しさに耐えてきた大衆は、党に裏切られた不満を次第につのらせた。その様子を、権力の座からひきずりおろされ、片田舎に幽閉された鄧小平はじっと観察しつづけ、人心の向背を肌で感じとっていた。

中国が一世紀にわたって歩んだ波瀾に満ちた歴史を知ることなしに、鄧小平がどうして改革開放政策にのりだしたか、大衆はなぜこの政策を熱烈に支持してきたか、そして改革開放の中国がアジア近隣諸国にとって安心できる存在として受けとめられるに至ったのはなぜか、という疑問に納得のいく説明はできない。したがってもう少し中国そのものにかかわる話を続けておきたい。

(3)　平和で安定した国際環境を必要としている改革開放の中国

✴思いつきの産物ではない鄧小平の改革開放政策

文化大革命が中国社会に残した爪あとの深さは並みのものではない。鄧小平はこの爪あとをかみしめ、一九七八年以後、中国の課題を次のようにまとめた。

①国家の安定と団結を確保すること。

「安定団結」こそは、改革開放政策を進める中国の前提であり、同時に目的である。

②失われた中国共産党に対する国民の信頼を回復すること。

政治に中心となる力（求心力）が必要であることは中国に限ったことではない。しかし「一二億の砂」である中国人をまとめあげるうえでは、求心力がとりわけ重要だということは、外国人には必ずしもよく理解されていない。まして、求心力としてなぜ中国共産党でなければばいけないのか、という点になると、日本国内でも「ついていけない」と思う向きが多い。だが鄧小平にとっては、これは自明の理に属することだ。中国共産党以外に広大な中国、十数億の中国人をひとまとめにできる組織は存在しない。複数政党制などの実験をやっているゆとりはないし、そんな悠長なことをしていたら、中国は空中分解するのがオチだ。

しかし、中国共産党が政権の座にあることを国民に納得させるためには、実績をあげなくてはならない。そこで、

③国民が納得する政策を実行すること。

毛沢東時代の国民の精神力に訴える政策がもはや効果がないことは、鄧小平は知りつくしていた。国民はもはや「武士は食わねど高楊枝」の気持ちはもちあわせておらず、「衣食足りて礼節を知る」ことしか望めないのだ。国民の現状に対する不満にこたえることが最大の課題となる。国民は何をもっとも求めているか？　それは貧困から解放されることであり、人間らしく生きられるようになることだ。衣食住に満足が得られる政策を行ってこそ、はじめて国民は党の指導を支持することになる。それには、思いきって従来の政策を転換しなければならない。改革開放政策はこうして生まれた。

改革はまず農業で、そして開放は経済特区でそれぞれ始まった。農業では、農民に土地を戻し（請負制）、働けば働くほど豊かになることを実感させる政策が大成功をおさめた。この成功

に力を得た鄧小平は、都市・工業の改革にも本格的にとりくんでいった。しかし「安定団結」をなによりも重視する中国の改革開放は、「石橋をたたいて渡る」方式で進められてきた。ショック療法（国際通貨基金［IMF］がロシアなどに強制した一気に資本主義化を進める方法）は中国には無縁だった。

その特徴は、まず比較的条件があるところで実験を試み、成功すれば徐々に他の地域にも広げていくというものである。あるいは、現場で行われる創意工夫が成功をおさめると、それをすくいあげ、政策にして各地に広めるというものだ。こうして鄧小平が政治の舞台から去る一九九〇年代はじめまでの中国経済は年率九％以上の超高度成長を実現したのだ。まずは鄧小平が当初考えたように（あるいは彼の予想をはるかにこえる形で）人心は安定してきた、といえるだろう。

鄧小平の後をついだ江沢民は、基本的に「鄧小平なきあとの鄧小平路線」を続けてきた。しかし、順調だった中国経済も、一九九〇年代後半にはいると難題が山積する段階にさしかかっている。とくにもっともむずかしいのは国有企業の改革だ（前述）。これに加え中国では、人口抑制政策（一人っ子政策）が成果を上げていることが、皮肉にも急速な高齢化社会への突入を招くという深刻な状況にも直面している。また、沿海・都市などの条件のいいところでの経済発展に目を奪われがちだが、内陸・農村等の条件に恵まれていないところの経済成長は遅れており、所得格差が深刻化しつつある。石油生産が頭うちで、公害を生みやすい石炭に頼ることを強いられている中国、乾燥した北方地帯では水不足も深刻化している中国では、環境破壊も頭痛の種だ。

このように難題の数々に直面しているのが江沢民の中国だ。そんな中国が自らすすんで対外的にことをおこす余裕などありえない。国際環境が平和で安定すればするほど、中国としては国内問題の解決にエネルギーを傾けることができるのだ。天安門事件を論じたときに取り上げた日本国内の「自分のことは棚に上げ」型、「ためにする議論」型などの中国批判がいかに中国の実情を無視した荒唐無稽な議論であるかが理解されるはずである。

✴改革開放政策を支持している中国の大衆

中国の人々は、改革開放政策を支持しているのか？　答えはハッキリしている。中国の人々は、正に歴史始まって以来はじめて人間として、人間らしく生きることの意味を実感しつつある。しかも、そう実感できる人の数は年を追うごとに増えてきた。この実感をもたらしたのは、まちがいなく改革開放政策である。中国の人々はそのことをハッキリ分かっている。改革開放なくして中国の、そして中国人の今日はない。

もちろん改革開放政策がすべての人々の生活をうるおしている、といったらウソになるだろう。国有企業の三分の二は赤字を強いられており、多くの労働者が失業に追いこまれている。新しく労働市場にはいってくる若年労働者（毎年二〇〇〇万人以上）に働く機会を与えることも大変な課題だ。また、改革開放政策の恩恵に浴していない人々も少なくない。ただ、これらの人々もふくめ、圧倒的に多くの人々が改革開放をさらに進める以外に、中国が直面している問題の解決の道はない、ということを理解している。

じつは、中国と日本の政治の大きなちがいはここにある。中国では、とにかく納得ずくで物事を進めるのだ。影響を受ける国民の納得が得られるよう、辛抱強い説得、説明がくりかえし行われる。「そんな馬鹿な」と思う人もいるかもしれない。しかし、中国の工場や企業を訪れたことがある人ならば、中国の労働組合は、日本の多くの企業の労働組合以上に労働者・職員の立場にたって活動していることを知るだろう。

「人間らしく生きること＝物質的な豊かさ」と割り切るのはどうか、という反論はあるだろう。私自身、そう割り切ることについていけない一人だ。しかし、物質的な豊かさがまったく保証されない場合に人間的な豊かさが求められるのか、という問いかけに対して、文化大革命を経験した中国ではハッキリした「ノー」という答えがでていることだけはふまえておこう。

Ⅱ章　安定した日中関係を築く道

1　〃砂上の楼閣〃に似た今の日中関係

戦後の日中関係は、国交が回復した一九七二年を大きな節目にしている。つまり一九七二年までの両国の関係は、対立と不信さらには憎しみが支配してにっちもさっちもならなかった。国交回復後は、それまでの対立、不信、憎しみを乗りこえるため、双方がそれなりの努力をして今日まできている、ということができるだろう。

しかし国交回復までに沈殿してしまった互いの不信感は、国交回復によって自動的に消えさるほど簡単なモノではない。しかも詳しくは追い追い述べるが、この不信感を生みだしたおもな責任は日本にある。公平のためにいうが、中国は日中関係を改善するためにどのような努力も惜しまないという気持ちを機会あるごとに表明してきた。問題は、日本がこの中国側の意志に応えるにたるだけの真剣な努力を行ってきたか、という点にある。残念ながら、答えは「ノー」である。二一世紀に向かう日中関係を改善し、健康な関係に発展させるための責任は、なによりも日本自身の努力にかかっている。

二一世紀の日中関係を考えるときには、日中国交回復後に生まれたその他の問題についても考えなければならない。また日中両国をとりまく国際環境が日中関係に大きな影響を及ぼすことにも頭を働かさなければならない。

(1)「一衣帯水」「同文同種」がそもそもの誤解を生むもと

一九七二年の国交回復以来、日中関係をあらわすきまり文句として、「一衣帯水」「同文同種」という表現がさかんに使われてきた。日中両国が海をはさんで隣接しているという意味で、地理的にはたしかに「一衣帯水」だ。また、日本が中国から漢字を受けいれたことを考えれば、「同文同種」という表現もまちがいではない。しかし私は、これらの言葉を聞くたびに、どうしてもおちつかない気持ちになる。「だから何だというのだ?」と感じるのだ。

なぜこだわるのか。このような言葉には、なにかしら「日中関係は特別だ」というニュアンスがこめられているからだ。もっといえば、この言葉を聞くと、それ以上深く日中関係について考えようとしない人が多いからだ。つまりこのように納得してしまうことがじつは要注意だ。なぜならば、ここで考えがとまってしまうと、日中関係の複雑さについて考えることを妨げる効果をもつからだ。私たちはまず、「一衣帯水」「同文同種」という枕詞をぬきにして、日中関係をあるがままに見つめることからはじめよう。

私は常々、日中関係には二つの面があることを心してかからなければとんでもないことになりかねないと考えている。二つの面とは、「ふつうの国家関係」と「重い歴史を背負った国家関係」ということだ。日中両国が地理的にこれほど近くなかったならば（一衣帯水でなければ）、両国関係はもっとあっさりしたものだっただろう。少なくとも日本が中国を支配しようなどという、ばかげた、他人迷惑な考えにとりつかれることはなかった。また、文化や人種のちがいがきわだっていたならば（同文同種でなかったならば）、「隣の庭は大きく見える」とか、「目だつから目ざわりだ」などといった雑念に悩まされることもなかったのではないだろうか。

(2)　過去からある日中関係を危うくする原因

＊おおように構えた中国と、背伸びしたライバル心のとりこになった日本

私は、古代からの日中関係の歴史を専門に研究したことはなく、先達の優れた研究成果の受け売りが多くなる（もちろん私流の勝手な解釈がふくまれるので、まちがいがあれば、それは私が全責任をおわなければならない）。とくに西嶋定生氏の『中国古代国家と東アジア世界』、『日本歴史の国際環境』（ともに東京大学出版会）や上田正昭氏『アジアの中の日本古代史』（朝日新聞社）には目がさめる思いを味わわせていただいた。

私がおふたりの本を読んでとくに「わが意を得たり」の感を深くしたのは、古代から日中関

係はいつもどこかぎくしゃくした関係だったということだ。中国では、日中二千年の歴史は、日本の中国侵略の一時期をのぞけば、がいして良好だったとよくいう。そういう中国側の受けとめ方を聞きなれた人は、私の理解はあまりにもかたよっていると感じられるかもしれない。それに「ぎくしゃく」という表現はあまりにもあいまいだ。もう少しくわしく述べる必要があるだろう。

私たちは、「中国は、世界の中心にいるという意識（中華思想）がしみこんでいて、まわりがつねに下の存在として自分に接してくる（華夷秩序）と思いこみ、自分から進んでまわりに働きかける必要を感じることが少ない」と考えがちだ。そんな中国にとっては、日本は数多くあるまわりの存在の一つにすぎないということになる。これが明治維新にいたるまでの日本の指導者たちの頭にしみこんだ国際社会についてのイメージだったといえるだろう。

ところが日本にとっては、高度な文明を誇る中国の存在は気になってならない。そういう気持ちは、どうしても中国に対する劣等感に近い感情を生みだす。中国の歴史書によれば、四一三年から五〇二年までの百年弱の期間に一三回にわたって日本から中国に朝貢の使者が派遣されている。しかし西嶋氏や上田氏の研究によれば、なぜかかなり早い時代から、日本の支配者は、「中国なにするものぞ」という背伸びしたライバル心のとりこになってしまったようだ。

ほかの多ぐのアジアの国々がおおむね中国を上にたてて交わること（朝貢外交）に甘んじてい

たのに、日本だけは、中国に対して早くから対等な存在であることを認めさせようと、ほとんどひとり相撲をとっていた。隋の煬帝《ようだい》に「日出《いず》る処の天子、書を日没する処の天子に致す。恙《つつが》なきや」という書面を送りつけた（六〇七年）のはその典型だ。日中のあいだには、互いに相手を理解し、認めあうという正常な国家関係が成立するための基礎条件すら早い時期から欠けていた。

六〇〇年から六一四年までの一五年間に五回（三年に一回の割合になる）の遣隋使が派遣されている。遣唐使派遣は、六三〇年から八三八年までの約二〇〇年間に一二回（約一〇年に一回）あった。このように日中両国の政府レベルの交流は本当に限られていた。時代が下がって室町時代に、足利義満は朝貢貿易めあてに中国に対して臣下の礼をとる書状をしたためた。また徳川家康は、日本が東アジアの国々に朝貢させているというでっち上げの書を書いて背伸びした姿勢を見せる一方、朝貢貿易の実益にあやかりたい本心をものぞかせるという内容の書状を送りとどけている。この程度のものだったのだ。

中国からすすんで日本に接触しようとする動きは本当に限られていた。朝鮮半島に高句麗が現れて中国を脅かしたころ、日本をまきこんでことに当たろうとした中国の支配者が日本に外交的働きかけを行った形跡がある（五世紀はじめ）、というのがほとんど唯一のケースだったろう。

欧州世界で華々しく花開いた国と国との間の「外交」は、アジア世界、日中関係ではついに育つことなく近代にいたった。複数の対等平等の国家が存在すること（ヨコの関係）を前提にしてはじめてなりたつ「外交」が働く余地は、東アジア世界でははじめからなかったし、日中関係もその例外ではなかった。

✴正常な関係からはほど遠かった明治維新以後の日中関係

長いあいだ東アジア世界の頂点にあり、日本にとっておそれ敬う対象だった中国が欧州列強にあっけなく敗れ、その後みじめな状態に追いこまれたことは、徳川末期の日本の支配層に強いショックを与え、このショックが明治維新を導く大きな原動力となったことはよく知られている。

しかし日中関係のあり方をがらりと変えたのは、なんといっても日清戦争だった。日本が東アジア世界の盟主だった中国に勝利したことで、日本・日本人の中国を見る目は大きく変わった。〝東アジアの主人公は中国ではなく日本である〟という自信・おごりの感情が日本人の考え方を支配するようになった。伝統的にタテの関係として国家関係を見るくせは、中国を見下す感情を育てた。

中国では、国辱をはねかえし、民族としてのプライドを回復しようという動きのなかで、強烈なナショナリズムがはぐくまれた（前述）。台頭する中国のナショナリズムのほこ先がはじめから日本に向けられたわけではない。明治維新に成功した日本に学ぼうと、多くの学生が日本に留学した時期もあったのだ。

だが中国に対する優越感をあらわにし、欧米列強以上に露骨な形で中国を侵略し、支配しようとする日本の政策が明らかになるにつれ、中国のナショナリズムは次第に反日・抗日の性格を強めるようになっていった。この流れは、柳条湖事件（一九三一年）、上海事変（一九三七年）を経て全面的な日中戦争へとなだれこんでいった。

✴対立と不信が支配した日本敗戦後の日中関係

日本が第二次世界大戦で無条件降伏し、日本の中国侵略は終わった。日本はアメリカに占領され、アメリカの意のままに動かされ、アメリカにもっとも都合のいい形で独立を回復した。そしてアメリカの強要のもと、日本は蔣介石政権を中国を代表する政権と認め、これとのあいだに日華平和条約を結ぶ（一九五二年）ことになった。

当初アメリカは、中国の蔣介石政権のもとで中国が統一すると考え、米中関係を中心に対アジア政策を考えていた。日本については、アメリカにとって無害な存在になるように、非軍事化と民主化の政策が推し進められた。ところが蔣介石が率いる国民党と毛沢東が率いる共産党とのあいだで内戦が起こり、共産党が勝利（一九四九年一〇月に中華人民共和国が成立）し、蒋介石政権が台湾に逃げ込むという事態に直面して、アメリカの対アジア政策は大きな修正を余儀なくされることになった。中国を当てにできなくなったアメリカは、日本をアジアにおける反共の砦として再建する政策を追求することになった。

くわしい歴史的経緯は後で述べる（第Ⅲ章第2節）が、アメリカは朝鮮戦争を契機に蒋介石政権を支持する政策を明確にし、日本に対してもアメリカの政策に同調することを強制した。日本の独立を回復させた対日平和条約及び日本をアメリカの軍事支配のもとにおくことを取り決めた日米安保条約（旧安保）が発効した日（一九五二年四月二八日）に日華平和条約が調印された事実は、戦後の日中関係を敵対的なものに固定するものだった。一九七二年九月に日中国交が回復するまでの約二〇年間、日中関係はきびしい不信と対立を経験したのだ。

日中関係を考えるうえでいまひとつ忘れてはならないのは、アメリカの占領時代に天皇の戦争責任がうやむやにされ、岸信介を筆頭に、中国（及びアジア）に対する侵略戦争の責任者の多くが釈放され、政治の表舞台に復帰することを認められたことだ。戦後の日本の保守政治層が中国をはじめとするアジア諸国に対する戦争責任を認めようとしないもっとも重大な原因は、アメリカのご都合主義の対日政策が生みだしたという一面があるのである（今日ふたたびアメリカは新ガイドラインによって、中国をも仮想敵とする日米軍事同盟の変質強化の道をつきすすむことを日本に強要し、保守政治層は悪のりして平和憲法を改悪しようとしている。まさに歴史はくりかえすである)。

＊日中あい並び立たず？

日中両国をとりかこむ国際政治状況をふまえるとき、日中関係はどうしても複雑なものになる。東アジアにおいて中国と日本という二つの大国が目と鼻の先に位置しているのだから。

このような状況は、ほかの地域の国際関係では例を見ない。ヨーロッパでは、ドイツ、フランス、イギリスそしてロシアなど、いくつかの大国が互いに牽制しあう形で微妙な国際関係を形づくっている。いずれかの国が欧州を支配しようとすれば、ほかの国々は連合してその意図を阻んできた。アメリカ大陸では、アメリカがぬきんでた地位にあって、ほかの国々に対して圧倒的に優位な立場にある（近年になって中南米諸国が自主性を強める動きを見せてはいるが）。

東アジアはそうではない。中国が圧倒的に優位にたつ（長い歴史の期間を通じてその状況が続いた）か、日本がその地位を強引に奪いとる（明治維新以後）か、そのいずれかだった。第二次世界大戦後になると、アメリカとソ連の争いが大きく影をおとしたが、それでも日中両国の潜在的な力を米ソといえども無視することはできなかった。

日中国交回復がなり、米ソ冷戦が終わって、日中両国ははじめて、一方が他方をおさえて東

アジアを支配する形（タテの関係）ではない関係のあり方（ヨコの関係）を考え、手探りする条

件をもつことになった。しかも二一世紀に向かう東アジアでは、アメリカも既得権益を確保す

るための軍事的支配体制をゆるめる気持ちはない。まさに「大三角形」というにふさわしい状

況が生みだされつつある。中国には明らかにこの状況に応じて新しい日中関係のあり方を考え

る用意がある。しかし日本はひたすらアメリカの意のままに動くことしか頭になく、その結果、

米中関係にもてあそばれる状況を抜けだすことができないでいる。

(3) 国交回復・日中共同声明にひそんでいた火種

一九七二年にいたるまで、日中両国は、アメリカが中国を敵視する政策をとっていたことのあおりを受けて、きびしい対立関係にあった。この状況が改善されたのは、アメリカが中国に対する政策を一八〇度転換したこと（いわゆるニクソン・ショック）によるものだった。つまり、米中関係がむき出しの敵対から基本的に友好へと大転換した結果、日中両国が敵対する理由も失われたのだ。しかし、アメリカの対中政策の変化が日中関係の改善を可能にしたということは、日中関係の改善もやはり、アメリカがもうける大枠のなかでしか動くことができないということを意味していた。

しかも侵略・被侵略という重い歴史を背負う日中両国の国交回復は決して簡単なことではな

かった。国交回復交渉のなかでは、いくつかの重要な問題が浮かびあがってきた。日本側がとくに重く見たのは、日本の中国に対する侵略の責任（天文学的ともいわれた中国に対する賠償支払い責任）、中国の主張する全土統一に対する対応（台湾の扱い）、アメリカのアジアに対する軍事戦略への対応（日米安保体制）の三点だった。

＊日本に対する賠償要求を放棄した中国

日本の中国侵略は、中国及び中国の人々に言葉につくせない被害を与えた。しかし、最大の戦争責任者だった昭和天皇はその責任を問われず、中国との賠償問題も、日本は蒋介石政権と結んだ日華平和条約によって解決したという立場をとった。中国としては、蒋介石が勝手に日本と結んだ条約を認める立場にはない。日中国交回復交渉では、中国がこの問題でとんでもない金額の賠償を要求してくるのではないか、というのが日本側の最大の心配だった。

しかし米中関係が改善（後述）した後の中国は、日本が真剣に国交回復にとりくむのであれば、この問題で日本側を困らせるつもりはないという意向を非公式に伝えてきた。とくに田中角栄政権が成立した直後の一九七二年七月に訪中した竹入義勝（公明党委員長）に対して、賠償を要求する権利を放棄する用意があることを明らかにし、日本側の心配の種をとりのぞいた。ただし後で問題になったように、この時点で中国が放棄した権利の内容として、国家としての賠償要求のほかに民間の要求も含むのかどうかについては、交渉においてはハッキリ話し合われなかった。

＊典型的な〝玉虫色〟の決着になった中国統一と台湾問題

中国側が交渉でもっとも重く見た問題は台湾だった。中国は、中国政府が「唯一の合法政府」であり、「台湾は中国の領土の一部」であることを強く主張し、日本側がその点をハッキリと認めることを迫った。

日本側は、「二つの中国」を認めないという中国側の主張には応じる用意があった。当時は、台湾の国民党政権も「一つの中国」の立場だったから、日本としてもこの立場を受けいれることにはなんの支障もなかった。しかし日本政府としては、台湾がどの国家のものか（台湾の領土的帰属）については、勝手なことをいえる立場にはないということで逃げ切る作戦（未決論）をとった。日本側がそういう立場をとったのには、法律的な根拠と政治的な考慮とが働いていた。法律的には、対日平和条約（第二条b）は、日本は台湾について一切の権利を放棄したのであり、国際的になにもいう立場にはないことをハッキリさせた。しかしこれはあくまでもタテマエの議論であり、日本側の本音は政治的な考慮にあった。

日米安保条約の適用される範囲（アメリカが日米安保条約に基づいて軍事的に行動できる範囲）

は「極東」となっている。「極東」とは「フィリピン以北」というのが日本政府の公式の解釈で、台湾はそのなかに当然に含まれる。くわしくは後で述べる（第Ⅲ章）が、アメリカとしては台湾を中国にひき渡す気持ちはなく、その立場をなんとか正当化するためには、「台湾は中国の一部」と認めるわけにはいかないのだ。認めたら最後、台湾に軍事介入することは中国の内政に干渉することになってしまうからだ。アメリカべったりの日本としては、こうしたアメリカの意志を無視した約束などできるものではない。

日中共同声明では、中国側主張を書いた（第二項）うえで、その中国の立場を日本政府は「十分理解し、尊重」する（第三項）という表現でおちついた。一見すれば、日本側が中国側の主張を受けいれたように見えるし、中国側はそう理解した。しかし第三項はさらに続けて、日本政府は「ポツダム宣言第八項に基づく立場を厳守する」という一見わけの分からない表現がもりこまれている。ここに〝玉虫色〟の決着のすべてがひそんでいる。

ポツダム宣言第八項とは何か。「カイロ宣言の条項は履行せらるべし」とある。それではカイロ宣言には何が書いてあるのか。「同盟国の目的は、……台湾……を中華民国に返還することにある」とある。カイロ宣言は目的の表明であって、ポツダム宣言も「履行せらるべし」といっているにすぎず、現実に台湾が「中国の一部だ」といっているわけではない、というのがミソである。こうして日本側は、二つの宣言と日中共同声明とをつなぎあわせて読めば、〝台湾の領土的帰属は未解決〟というアメリカ政府と日本政府がとってきた立場は守られている、としたのである。

＊日米安保体制がガンである

先にふれたとおり、日米安保条約には「極東」条項（第六条）がある。「極東」の範囲には台湾が含まれることは、日本政府自身が国会答弁でハッキリ認めている。台湾が独立にでも走るようなときには中国は黙っていない。となれば、アメリカは台湾が中国の手に落ちないように日本に駐留する部隊を出動させる可能性は大きい。だからこそ中国は、米中関係が改善するまでは日米安保条約を批判してやまなかったわけだ。

では国交回復交渉の時、どうして中国側は最後まで強い立場をつらぬかなかったのか。米中関係改善により台湾問題をめぐって米中が激突する可能性は大幅に減った。アメリカと日本が台湾に首をつっこむ政策をやめれば、台湾は遠からず中国の手に戻る。おそらく毛沢東・周恩来はそう判断した可能性が大きい。さすがの毛沢東・周恩来も、台湾が急速な経済発展を遂げて、国際的に独立した姿勢を強めるようになるとは読んでいなかったにちがいない。

こうして日中国交回復は実現した。日中関係の基礎はすえられた、と多くの人が考えた。その後、日中のあいだに問題がおこるたびに、日中双方が共同声明の精神と原則に基づいて問題を処理することを互いに呼びかける。そこには、共同声明にたちかえれば、すべての問題を解決、処理する処方箋が入っている、という認識が働いているように見える。

しかし一九七二年以後の日中関係は決して波静かではない。その原因を整理して考えると、日中国交回復交渉のさいにあいまいにされた三つの問題が大きく影をおとしているからだ、と思われる。日中双方がこれら三つの問題に正面から立ち向かわない限り、二一世紀の日中関係を真に平和で友好的な関係とすることはむずかしいだろう。〝砂上の楼閣〟はしょせん崩れおちる運命を免れることはできない。

2　戦後五〇周年前後に噴出した日中間の矛盾

国交回復後の日中関係の足どりをたどることも、それなりに意味のないことではない。しかし私は、日本敗戦五〇周年（一九九五年）におこったできごと（本節）と、日中平和友好条約締結二〇周年（一九九八年）に行われた江沢民の日本訪問（第3節）に焦点をあてる。日中関係の今後のあり方を考えるうえで、日中両国とそれぞれの国民が戦後五〇周年、日中平和友好条約二〇周年という節目の年にどう向かいあったかを確認しておくことは、大きな意味があると思う。

本節では、一九九五年の日中関係が、過去に節目をつけるどころか、国交回復以後もっとも険悪な年になったことを明らかにする。そしてその根っこに、戦後保守政治のもとにありつづけた日本外交の本質的な問題が横たわっていることを確認する。

(1) 歴史を正視する中国と抹消する日本

一九九五年という年が明らかにしたことは、日本の中国に対する侵略戦争についての日中双方の認識・受けとめ方が遠くへだたっているということだった。侵略の被害者である中国は、加害者である日本が戦争責任をどう受けとめるかをきびしく問いかけ、日本の誠意のない対応にいらだちを深めた。日本国内では、戦争責任を認めることすら拒否する人々の発言・行動がめだち、多くの国民は無関心のまま、中国のきびしい問いかけはまったく無視された。むしろ被爆五〇周年という点が国民感情として強調され、日本国民の感情を無視して核実験を強行する形になった中国を批判・非難する論調が支配した。台湾問題も関係をいっそう複雑にした。

中国は、日本が敗戦五〇周年にどのような認識と行動で向かいあうかを、一九九五年のはじめから強い関心をもって問いかけてきた。一月に訪中した武村蔵相に対して李鵬首相は、「一九九五年は、中日関係にとり、過去をふまえ、新たな発展の糸口になる重要な年だ。（中略）『前事を忘れず、後事の師となす』（歴史の教訓をくみとって将来への行動の指針とする）の精神に基づき、若い世代を教育する……ことが両国及び人民の根本的利益にかなう」と発言した。これは明らかに、日中が共同でこの年を記念する行事を行いたいという期待をこめたものだった。

当初はこのような期待をもって日本側の動きを見守る余裕があった中国だったが、日本に対する姿勢は次第にきびしくなっていった。たとえばこの年の四月に訪日した喬石・全国人民代表大会常務委員長（日本の衆議院議長に相当）は、日本の情勢をつぶさに見たのであろう。帰国後の報告で、「日本の少数の人々が中国侵略問題であやまった主張をし、侵略を否定し、歴史をゆがめることに対しては、歴史の事実、中日関係の基礎及び中日友好を守るという大局から、批判と闘争に力をいれ、日本が歴史を正しく認識し、反省し、平和と発展の道を歩むようにしていかなければならない」という考え方を明らかにした。

五月に村山富市首相が訪中したとき、李鵬首相はさらに率直に、「日本国内からは侵略戦争の歴史をどう見るべきかにつき、しばしば異なる声が聞こえてくる。このことは、日本国内にたしかに軍国主義勢力が存在していることを示している。このあやまった傾向をおさえ、歴史をくりかえさないための努力をするべきだ」と述べるまでになった。

このように中国側の日本に対する批判・不満の気持ちが次第に強まっていったことは、日本国内にはまったく伝えられなかった。国会がおおもめにもめたあげく六月（九日）にやっと採択した不戦決議（終戦五〇周年に際して国会としての侵略戦争に対する反省をあらわす決議）の内容は、戦争責任問題にふれることさえしないものだった。したがって、中国をふくめたアジア諸国はもとより、欧米諸国からもきびしい批判をあびる羽目になった。

とくに中国では、中国共産党の機関紙である『人民日報』が、「日本の国会決議と当面の政治動向」と題してトップクラスの日本専門家による座談会の記事を掲載し、「国会決議は妥協の産物で、反省の決議ではない」、「日本の政治の右傾化に警戒し、侵略戦争の書きかえを許さない」、「歴史を正視し、侵略を反省して、日本ははじめて国際社会の信用を得ることができる」など、きびしい批判を行った。そして中国は、四月から九月にかけて、独自に抗日戦争勝利を記念するさまざまな催しを行った。

私たちがぜひ記憶しておかなければならないことがある。一九九五年という年は、第二次世界大戦が終わった「五〇周年」であるだけでなく、中国にとってはそれ以上に、抗日戦争に勝利した「五〇周年」であり、台湾を日本の植民地にさせられた下関条約（一八九五年）が結ばれた屈辱の「一〇〇周年」ということだ。四月に「首都（北京）各界による下関条約署名一〇〇周年・台湾祖国復帰五〇周年座談会」が行われた。この座談会を主催した呉学謙（元外交部長）

は、「一〇〇年前に下関条約の署名が強要され、台湾が日本帝国主義にむりやり奪われたこの屈辱の歴史は、永遠に忘れることはできない」と述べている。

また『人民日報』は、「この時期の歴史を記憶しよう」をテーマにした特集の記事が、六月から九月までに二三回、原稿としては五〇以上が同紙に掲載されたことを紹介し、「これほどの紙面を費やしたことはまれである」と述べている。これらの特集のなかから、私たち日本人が見失いがちな重要なポイントを指摘している二つの文章を紹介しておきたい。

まず「歴史を正視することによってはじめて和解にむかうことができる」という文章は、西欧では五〇周年を記念する行事が大々的に行われていることを歓迎したうえで、次のようにいう。「ひるがえってアジアを見れば、ファシズムの犯罪行為を清算することはまったく終わっていない。その根本原因は、戦争を発動した日本が……今日になってもその責任をどうしても認めようとしないことにある。」

さらに、「対外侵略の悲惨な教訓――広島長崎原爆投下五〇周年に際して――」と題する記事は、「日本が長期にわたって対外侵略の政策を進めたことが、広島、長崎が原爆攻撃を受けた根本原因である」と指摘する。そして「遺憾なことに、日本で広島・長崎への原爆投下が提起されるとき、（戦争責任者の）責任を追及するということに（日本人は）思いが及ばない」と批判する。

そのうえで、極東裁判で死刑にされた戦犯が靖国神社に祀られていることにふれ、「もし日本が戦争の犯罪の歴史を主体的に認識しないのであれば、広島に対する原爆投下をどんなに宣伝しても、世界とくにアジアの人々の共鳴を得ることはできない」と指摘する。これらの指摘・批判が日本人の歴史認識に横たわる深刻な問題点を鋭くえぐっていることを認めるほかないだろう。

(2) 台湾問題でも緊張した日中関係

一九九五年には、台湾問題でも日中関係は緊張した。一一月に広島で開催されたアジア太平洋経済評議会（APEC）の非公式首脳会談に、台湾の李登輝（総統）が出席する意欲を示した。中国はこれに強く反対して外交問題となった。銭其琛《せんきしん》外相は早くも三月、日本の外務省高官に対し、「(日中関係に) いかなる後退も出現しないことを希望する」と述べ、日本政府が李登輝の出席を認めないように釘をさした。

五月の日中首脳会談では、李鵬首相が「台湾問題を正しく処理することは、両国関係の重大な原則問題だ。(中略) APEC首脳会議に関しては、シアトル方式にしたがって台湾問題を処理……すべきである」と述べた。シアトル方式とは、台湾からの出席者を経済担当閣僚レベルにおさえるというものだ。村山富市首相は、中国側の意向をふまえた対応をとることを約束した。

しかしクリントン政権が、李登輝の非公式の訪米を認めた（第III章）ことから、雲行きは怪しくなった。これに力をえた李登輝が、出身校の京都大学の同窓会出席を名目にして訪日することに意欲を表明したからだ。中国は警戒感を強め、「日本でアメリカと同様のことがおこれば、中日関係は最大の危機におちいる」と警告した。この問題は結局、日本政府が中国の強い主張を考慮し、台湾当局が李登輝の出席を断念したことで、いちおうことなきを得た。

(3)　中国の核実験継続に、日本は対中無償経済協力を凍結

中国は、一九九〇年代に入ってからも、一九九〇年（二回）、一九九二年（二回）、一九九三年（二回）、一九九四年（二回）と地下核実験を続けた。アメリカが地下核実験を停止した後、一九九五年の核不拡散条約（ＮＰＴ）延長会議は、一九九六年中に包括的核実験禁止条約（ＣＴＢＴ）をまとめることを決めたが、中国はこの一九九五年にも二回の地下核実験を行った。

日本政府は、アメリカが地下核実験を停止する政策に転換した一九九三年をさかいとして、中国の核実験に対してきびしい態度をとるようになった。とくに被爆五〇周年にあたる一九九五年に中国が核実験を行ったことに対して外交的な措置をとるまでになった。

五月に中国が核実験を行った当時の状況はこうだった。日本国内では不戦決議の扱いをめぐっ

て、中国の神経を逆なでする発言がしきりに行われていた。ところがこの核実験は、五月に訪中した村山富市首相が中国側に核実験の自制を求めた直後に行われた。そのため、「村山訪中やNPT延長会議で核実験を抑制すべきことを決めた直後に中国が核実験をふたたび実施したことは……きわめて遺憾である。わが国の……経済協力は……これらの経緯をふまえたものとなろう」という外務省高官の発言がとびだした。これに対して中国は、アメリカが核実験をしていたころにはこうした発言はなく、きわめて不公平だと、日本の対米べったりの姿勢に対する批判をこめて反論した。

中国は八月にも核実験を行った。これをめぐる日中の応酬では、六月の国会の不戦決議が大きく影をおとした。戦争責任を徹底的にあいまいにしようとする日本国内の動きは、中国の反発と怒りを強めていた（前述）。ところが日本はその点をまったく無視し、被爆感情を強調するだけだったために、両者の言い分がまじわるわけはなかった。

核実験が行われた日、河野外相は中国大使を呼びつけ、「核実験の実施は、核軍縮にむけた国際的な努力に逆行する動きである。……本年はわが国にとって被爆五〇周年だ。原爆の悲惨さを二度とくりかえしてはならないとの国民の願いはきわめて強い。……わが国の経済協力は国民の税金をおもな資金としており、国民の理解と支持なくしては行いえない。今後の経済協力については今回の核実験の経緯をもふまえ抑制的に対応する」と申しわたした。

一九九五年度の無償資金協力は大幅に削減され、一九九六年度以降は凍結された。これに対して中国は、「日本政府は侵略の罪を深く反省し、歴史の教訓を真剣に総括しなければならないのに、核実験にかこつけて中国批判を企てている」と反論した。

3　問題をクローズアップさせた江沢民の訪日

日中平和友好条約が結ばれて二〇周年にあたる一九九八年一一月に、また中国の国家主席としてははじめて江沢民が日本を公式に訪問した。この訪問は、日中関係をしっかりした基礎のうえにおくことを目的とするということが日中双方で理解されていた。また、国際的に見ても、アメリカ、ロシア、中国などの大国のあいだで、冷戦後の新たな国際関係のあり方についての手探りが続いているなかで、大国・日本が二一世紀に向けた国際社会とどうかかわろうとしているのかを判断するうえでも重要な意味をもつものだった。

以上のことを頭にいれて江沢民訪日の意味を考えるとき、この訪日の結果については、私たちが真剣に考えなければならない問題が多い。結論から先にいえば、今のままの日本では、これら大国からまともな相手として扱われないばかりでなく、国際社会からもそっぽを向かれる（さらにいえば、危険もの扱いされる）存在になりかねない。このようなみじめな状況をまねかないようにするためには、私たち国民がしっかりした政治意識をもち、日本を平和大国として生まれ変わらせることが欠くことのできない前提条件となる。そういう結論が避けられないことがどうして江沢民訪日からいえるのか。それをこれから考えよう。

(1) 周辺事態法と江沢民訪日の延期問題

江沢民の日本訪問は、本来の予定では一九九八年九月に行われる予定だった。しかし中国側は直前になって、八月から中国各地を襲っていた大洪水（過去五〇年でも最大規模のものであり、中国各地に大きな爪あとを残した）に江沢民が陣頭指揮にあたる必要があるという理由で、訪問を延期することを通知してきた。江沢民が洪水による被害を最小限にくいとめるために大きな指導力を発揮したことは、中国では連日のように大きく報道された。したがって訪日延期の理由が洪水対処の必要だったことについては額面どおり受けとっていいと思われる。

しかし江沢民が訪日を延期したことについては、準備段階での日本側の対応（とくに江沢民の訪日にあたって発表されることになっていた共同宣言で、日本の中国に対する戦争責任及び台湾の扱いについて、日本側がどういう態度を表明するかについての日本側意向）に対して中国側が不満をもっていることが一つの原因になっている、という情報が伝えられていた。

また日本政府は、この年の夏に行われた参議院選挙の後に開かれる臨時国会の会期を当初から二カ月もの長期間にしていた。その目的は、日米新ガイドラインの日本側の国内的受け皿になる周辺事態法をこの臨時国会で成立させるためであることはハッキリしていた（実際には、金融関連法案の審議にてまどったために、臨時国会で周辺事態法は成立しなかった）。そしてこのことを中国側は認識していた。そういう情勢認識が中国指導部に反映されないはずはない。そのことは、中国側の日本政府に対する不信感を強め、江沢民が九月の訪日を延期する決定をするうえでの一つの政治的考慮として働いた。

もう少しくわしく説明した方がいいだろう。周辺事態法に対する中国側の警戒と不信はもともと大きい。とくに「周辺事態」には「台湾有事」が含まれ、台湾問題をめぐって米中軍事激突という最悪の事態になれば、日本全土がアメリカの対中軍事行動の基地・拠点となることは明らかだ。

かりに日本政府の思惑どおりにことが運んだとしてみよう。江沢民は、周辺事態法が成立することを承知のうえで日本を訪問したことになる。となれば、周辺事態法に対する表だった批判はしにくい環境ができあがりかねない。少なくとも日本側は、江沢民の訪日をそのように利用する可能性があることを、中国側としては警戒する気持ちになる。このように考えると、江沢民が日本訪問を延期した理由は、単純に中国側国内事情によるものとすることには無理がある。

(2) 肩すかしにあった江沢民訪日の意図と目的

結局仕切りなおしのうえ、周辺事態法が臨時国会で成立しないことがはっきりしてから、江沢民は日本を訪問した。一部では、日本訪問そのものがキャンセルされるのではないかという可能性もとりざたされた。しかし、日中平和友好条約二〇周年を記念して訪日するという約束は一九九七年当時に行われたものだった。この約束を果たさなければ、そのこと自体が日中関係に重大なしこりを残し、今後の日中関係の順調な発展にも影響を及ぼすことは明らかだった。江沢民は、そのようなことになることを避け、同時に日本側に政治的に利用される危険が小さい時期をえらんで訪日した。

この訪問で江沢民がとった言動は、日本政府だけでなく、日本側マスメディアにとっても予想をこえるハッキリしたメッセージをたずさえたものだった。すなわち江沢民は、あらゆる機会（首脳会談のみならず、早稲田大学での講演、日本記者クラブでの発言、天皇との会見などなど）をとらえ、日本の戦争責任（いわゆる歴史問題）と台湾問題を正面からとりあげたのだ。

江沢民は、中国側が日本に対して抱いている感情や考え方をあらゆる階層の日本国民に伝えることにつとめた、と考えられる。日本のマスメディアのなかには、歴史認識及び台湾問題についての江沢民のきびしい発言は、事前の準備段階での「ボタンのかけ違い」や事務的な根回しの不十分さなどの技術的理由によるものではないかと解説するものも少なくなかったが、そのような解釈はまったくまちがっている。

江沢民は、訪問前の事務的な準備の段階で、この二つの問題について日本側から中国側が、十分に納得のいく態度の表明が行われる期待はもてないことをある程度承知のうえで、なお訪日を決断した。しかし江沢民は、少なくとも国内に対して顔向けできる内容の日本側の発言・態度表明（江沢民が期待したのは、彼の日本訪問に先だって行われた日韓首脳会談で、小渕恵三首相が韓国側に対して行った植民地支配に対する謝罪の発言と同じ程度の態度表明を同首相が行うことだったという）が日本側から行われることは期待していた。ところが小渕恵三首相はなぜかこの要求をはねつけたという。そのことが江沢民の怒りをまねき、対日不満を強めた。私が中国の対日関係者（複数）から聞いたところでは、江沢民は帰国後もくりかえし日本に対する不満を口にしたという。

以上の経緯をふまえるとき、日本に滞在中、江沢民があらゆる機会をとらえて日本の戦争責任と台湾問題について発言したのは、おもにつぎのような考慮が働いた結果であることはまちがいない。

江沢民は、日本側の歴史問題及び台湾問題に関する認識・姿勢が根本的に改まらない限り、二一世紀にむけた長期にわたる友好的で平和な日中関係は望むことはできない、という基本的な認識にたっていた。しかし日本政府が日本国民を代表して中国側の納得がいく謝罪と反省を行うことは期待できなかった。だからこそ江沢民は、歴史問題及び台湾問題に関する中国側の対日認識・姿勢を機会あるごとに日本国民に説くことにしたのだ。つまり、日本国民に直接語りかけることによって、日本政府のあいまいをきわめる認識・姿勢にけじめをつけさせる国民的な雰囲気をもりあげ、日中間の平和友好関係を築く基礎的な条件を作りあげる機会としようとしたのだろう。

私の以上の判断を裏づける一つの有力な材料は、江沢民の日本訪問に関する中国国内での報道ぶりである。もっとも象徴的だったのは、本来であればもっとも重要な政治的成果と位置づけられるはずの日中共同宣言について、人民日報は全文を報道せず、要旨を紹介するにとどめたことである。当初江沢民は、毛沢東・周恩来がじきじきにかかわった一九七二年の日中国交回復の共同声明、鄧小平が批准式出席のために来日した一九七八年の日中平和友好条約につぐ、江沢民の手にかかった日中関係の第三の重要な政治文書としたいという意気ごみだった。それが要旨の紹介にとどまったということはきわめて異例であり、中国側が宣言の内容（とくに歴史認識と台湾問題）に満足していなかったことをうかがわせるに十分なものがある。これに対して、江沢民が歴史問題についてくわしく述べた早稲田大学での演説は、全文が人民日報で報道された。

(3) 日本国民に伝わらなかった歴史認識に関する日中首脳会談の内容

日中首脳会談の内容について、日本の各紙がのせた外務省の説明の内容と人民日報が報じた内容とを比較すると、きわだったちがいがあることがわかる。外務省の説明が江沢民の日本側に対する精一杯の訴えの部分（歴史認識及び台湾問題）を正確に伝えなかったのに対し、人民日報はこの二つの部分についての江沢民の発言をくわしく紹介しているのだ。

まず歴史認識問題に関する江沢民の発言について、日本側と中国側が紹介した内容を比較する。江沢民の真意がいかに日本側では軽くとりあつかわれているか、したがって江沢民の真意が日本国民にほとんど伝わっていないかが理解できるはずである。

外務省の説明は、江沢民の発言を次のように紹介した。

「歴史問題について十分議論したから必要ない、という見解には反対だ。中国にとって歴史と台湾の問題は日中関係の根幹で、避けることはできない。過去にこだわるという意味ではなく、二つの問題を正しく理解し、処理し、未来をきり開くという意味だ。日中間の二千年の歴史では、友好と協力が主流だ。近代になって、日本の軍国主義が中国人民に災難をもたらす侵略戦争を起こした。村山首相以下の指導者も軍国主義への復活を許さない発言をしており、中国は評価している。時々正反対の言動や行動があるが、教訓を総括し、国民を啓蒙してほしい。」

これに対して人民日報が報道した江沢民の発言は、次のようなものだった。じつに詳細をきわめたものだったことが分かる。参考のために、日本側の説明ではふれられていない発言でとくに重要と思われる部分には傍線をつける。そして、その部分について私たちがくみとるべき中身を確認するため通し番号をつけて、説明をつけ加える。

「中日両国関係の二千年の歴史をとおして見ると、友好と協力が主流だ。しかし、近代に日本軍国主義は何度も中国人民に深刻な災難をもたらす侵略戦争をひきおこした。率直にいって、多くの列強の中で、日本は中国にもっとも重い害を加えた国家だ①。そうではあるが、われわれは、侵略戦争の責任を負うべきは軍国主義者であり、広範な日本の人民も同様に被害者であり、彼らとはむつまじくし、子々孫々にわたる友好を発展させるべきだ、と一貫して主張してきた。この政策は変わらない。しかし、歴史問題について前向きな態度をとるということの前提は、歴史を正しく見つめ、承認することでなければならない②。これはまた、中日共同声明及び中日平和友好条約を結んだ重要な政治的な基礎の一つでもある。中日国交正常化二六年の歴史をふりかえるとき、遺憾ではあるけれども指摘しなければならないのは、日本国内には歴史問題に関して問題を作りだし、歴史の事実を否定し、はなはだしいのはゆがめるものすらひっきりなしにあらわれるということだ。これらのことは、中国人民をふくめ、戦争によって被害を受けた国々の人々の感情をもっとも傷つけるものであり、また、中日関係の正常な発展をそこなってきた。中国側としては、歴史の真実と中日関係の政治的基礎を守るという大局にたって、必要な反応を示すことを余儀なくされている③。日本軍国主義の横暴な行動は中日両国人民に災難をもたらし、中日間の伝統的な友好関係にも深い損失をもたらした。軍国主義は中日両国の人民にとって共同の敵であり、人類の平和と進歩に真っ向から対立する歴史の逆流であり、両国人民はともに断固として反対しなければならない④。日本政府がこの問題に対して明確な態度をとることは、日本がひきつづき平和と発展の道をしっかり歩むことにつながり、中国を含む近隣諸国の理解と信頼をかちとることにつながり、日本が国際関係においてさらに積極的な役割を発揮することにもつながるだろう。歴史問題を解決するカギは日本自身にある。日本政府がこの点についての経験と教訓を真剣にまとめ、歴史を否定し、歪曲する勢力を本気でおさえこむことを希望する⑤。」

まず①について。日本国内には、日本軍国主義の中国侵略の歴史をたびたび口にする中国側に対し、「いつまでも過去にこだわる」、「中国を侵略したのは日本だけではない」など、さまざまな反発の声が聞かれる。しかしこれらの反発は、国際的に見てもとうてい通用しない。

中国側が歴史認識の問題にこだわる（より正確にいえば、こだわりたくなくてもこだわることを余儀なくされている）のは、一九八二年の歴史教科書検定事件、一九八五年の中曽根首相による靖国神社公式参拝、さらには数えあげたらきりがないほどの保守政治家（歴代内閣の閣僚をふくむ）によるいわゆる「妄言」など、日本側が中国をはじめとする近隣諸国に対する侵略・植民地支配の責任を正面から見つめ、承認しようとしないことが原因なのだ。いってみれば、中国側にとっては「けんかを売られた」に等しい。

ましてや近年にいたっては、自由主義史観に代表されるように、過去の侵略戦争、植民地支配を公然と肯定することを主張する流れが勢いを得つつある。しかもこれらの主張を行うものの多くが、台湾有事への対応をも念頭においた日米軍事同盟強化をおし進めようとする流れと重なる。私たち日本人がそういう事実を無視して、中国側が「過去にこだわる」と反発するのは、どう見ても本末転倒、筋ちがいというものだ。

また、「中国を侵略したのは日本だけではない」という反発も、重要な歴史の流れを見落としている。第一次世界大戦後（とくにヴェルサイユ講和会議で民族自決権が原則的に承認された後）は、欧米列強の植民地・半植民地に対する政策は、そうした歴史の流れにさからってさらに植民地を増やそうとするのではなく、おおむねそれまでに獲得した植民地の権益を維持するという現状維持に力点を移したということだ。

ところが日本はそういう歴史の流れに無頓着に中国に対する侵略の野心を追求した。満州事変をおこした日本に対して国際連盟は、ほぼ全会一致（反対は日本一国）で撤兵を求める決議を行った。このことは、国際的な歴史の流れが変化したことを抜きにしては理解できない。江沢民発言は、国際的には常識であるこうした歴史の流れをふまえたものであることを、私たちは襟を正して受けとめることが求められている。

次に②から⑤について。②の江沢民発言ほど、中国人と日本人の歴史に対する認識のちがいをきわだたせているものはない。日本的な感覚では、「過去を水に流す」とか、「死んだら仏」という表現を思いだすだろう。歴史から教訓をくみとるという考え方はあるとしてもきわめてうすい。

例をあげた方が分かりやすいだろう。日本ではどんなに悪いことをした人間でも、その人が死んだら、死者にむち打つような言葉を口にすることはつつしむべきだという雰囲気が強い。追悼の言葉は、死者に対するたむけの言葉でおおわれるのが普通だ。そしてそのことについて「おかしい」と感じる者はほとんどいない。

しかし国際的に見れば、日本人的な感覚では美風とされる感覚はあたりまえのことではない。あやまりはあやまりとして認める。過去のあやまりを認めることによって、将来そのようなことをくりかえしてはならないという反省・決意を自分のものとすることができる。日本人的な感覚であれば、「過去は過去」ということになってしまうから、いつ何時また同じあやまりをくりかえすかも分からない、ということになってしまう。そういう日本人の感覚だからこそ、江沢民の③の発言がでてくるし、④の日本国民に対する呼びかけ、⑤の日本政府に対する強い言葉がつづくのだ。

(4) 日中間の溝が埋まらなかった台湾問題

江沢民が日本訪問中もっとも力をいれたもう一つの問題は、台湾問題及びこれと密接にかかわる周辺事態法に関する中国側の関心を明らかにすることにあった。江沢民は、台湾問題及び周辺事態法が日中関係を根底からゆるがす、いわば震度七クラスのエネルギーをもっていることを、ひろく日本国民に理解してほしいと願い、日本側の一方的な行動によって日中関係に重大な緊張の種がうえつけられることがないように訴えた。しかしこの点についても、日本政府の対応及び日本の報道ぶりから判断すれば、江沢民の懸命な訴えが日本国民に正しく伝えられない結果に終わってしまった。

✱首脳会談での江沢民の発言内容を正確に伝えなかった外務省説明

外務省の説明では、江沢民は次のように述べたとされた。

「台湾問題の帰属問題は確定しており、中国の内政であることはまちがいない。日本の首相がこれまで台湾の独立を支持しないということを言っており、評価している。台湾問題に正しく対処してほしい。」

これに対して人民日報が紹介した江沢民の発言は、次のように詳細であり、日本側ブリーフ内容からはうかがえない、日本側に対する不信感に近いきびしい要求をもりこんだものだった。

「国家の統一と領土の保全を維持することは、いかなる主権国家にとっても神聖な権利である。台湾問題を解決し、祖国の完全な統一を実現することは、中華民族の宿願だ。歴史的に、台湾問題に関しては、日本は中華民族に対して責任がある。日本はかつて台湾を併合し、五〇年もの植民地支配を行った。日本政府は、中日共同声明において、中華人民共和国が中国を代表する唯一の合法政府であると明確に承認し、台湾は中華人民共和国の不可分の一部であるという立場を十分に尊重し、理解している。一九七八年に締結された中日平和友好条約もまた、中日共同声明の各原則を確認した。以上のことは、政治的、法律的に台湾の地位の問題を解決したにとどまらず、台湾にかかわる問題を正しく処理するために明確な指導的な原則を確立した。日本国内には、台湾問題に関してなおあやまった認識が存在していることを指摘しなければならない。私たちは、日本側が台湾問題に関する中国政府の立場をしっかりと尊重し、中日共同声明で台湾問題について行った厳粛な約束をしっかりと守ることを希望する。」

江沢民の発言は、日中共同声明が台湾は中国の領土であることを認めたもの、という解釈にたっている。しかし日本政府は未決論の立場であることはすでに述べたとおりだ。外務省の説明を見ると、この点についての日中双方のくいちがいを表ざたにさせないための工夫がほどこされていることが分かる。それにしても、日中の発表した内容があまりにもへだたっていることにはただただ驚かされる。

多くの日本人は、日本政府の発表した内容を伝える日本の新聞報道によってしか物事を判断できない。歴史認識の問題でもそうだったが、ここまで事実関係が正確に国民に伝えられていないということは、中国側の報道内容をチェックしてみてはじめて分かるという始末である。日本の大手のマスメディアはほとんどが北京に特派員をおいている。しかし私の理解するかぎりでは、日本政府が発表した内容と中国側の発表した内容とのあいだにこれほど大きなくいちがいがあることを指摘したものはない。これで、どうして日中友好をまともに考えることができるだろうか。

✳無視された日本記者クラブ・早稲田大学での発言

江沢民は、日本記者クラブで行った記者会見や早稲田大学で行った講演でも台湾問題について強い口調で訴えている。

「(台湾)問題に正しく対処し、処理することは、中日関係を発展させる政治的基礎である。

中国には次の諺がある。『友人と交わるさいに（判断基準となるのは）、信じることができるか？』。私たちは、日本側が自ら行った約束を忠実に守り、言った以上は必ず実行し、行う以上は断固としてやることを希望する。」（日本記者クラブでの発言）

「中国人民は、絶対に祖国統一の大業を完成させるだろう。これは、中華子女の動かすことのできない共通の願望であり、決意である。〃一国二制度〃（一つの国家のなかで社会主義制度と資本主義制度がともに存在する仕組み）の方針のもと、香港はすでに順調に祖国に復帰し、明年（一九九九年）にはマカオも祖国の懐に戻ってくる。中国政府はひきつづき〃平和統一、一国二制度〃の方針をかたく守り、最終的に台湾問題を解決する。中国の完全統一を実現することは、アジア及び世界の平和と安定に有利になることであり、これに反し、どのような方式にせよ〃二つの中国〃〃一つの中国・一つの台湾〃〃台湾独立〃を行おうとすれば、かならずこの地域の緊張した情勢を作りだし、アジア及び世界の平和と安定に危機をもたらすであろう。」（早稲田大学での発言）

以上の江沢民の発言は、私たち日本国民に対してきわめて重い問いかけを行っている。すなわち彼は、記者クラブでの発言では、〃台湾問題に関する日中共同声明での日本側の約束に対して、本当に中国側として安心していいのか〃と問いかけているのだ。しかしこのくだりに注目し、大きくとりあげた新聞は、私が読んだかぎりではなかった。そのため、江沢民のこれほど重大な問いかけも、多くの国民には伝わらなかった。

さらに、早稲田大学で行った講演のなかでの発言は、台湾問題がもつ意味は、決して中国一国だけではなく、アジア及び世界の平和と安定をも破壊させかねないことについて、日本国民が正しい認識をもつことを促したものだ。そのことを私たちが正しく認識しさえすれば、「歴史的に台湾問題に責任を有する」（首脳会談での江沢民発言）日本としては、中国の内政である台湾問題に対して無責任な言動をつつしみ、台湾海峡をはさんだ両岸のあいだの直接交渉に干渉を行ってはならないことを肝に銘じなければならないことがただちに理解されるはずである。また、この点を私たちがしっかりと理解するのであれば、新ガイドライン及び周辺事態法に対する対応も、当然変わってくるはずである。しかしこの江沢民の発言も、日本国内ではほとんど無視される結果に終わってしまった。

＊日中共同宣言における奇妙な台湾問題の扱い

私が江沢民訪日に際して発表された日中共同宣言を読んで、もっともおかしいと感じたことの一つが、この宣言における台湾問題の扱いだった。共同宣言では次のように記されている。

「日本側は、日本が日中共同声明の中で表明した台湾問題に関する立場をひきつづき遵守し、改めて中国は一つであるとの認識を表明する。日本は、ひきつづき台湾と民間及び地域的な往来を維持する。」

これは日本政府が未決論の立場にたっていることを再確認したものだ。

江沢民は、日本を訪問しているあいだ、あらゆる機会をとらえて台湾問題について率直かつきびしい発言を行ったことはすでに述べた。それなのに、もっとも重要な政治文書であるはずの共同宣言で、台湾問題についての中国側の立場がもりこまれていないのだ。見すごすにはあまりにも異常なことである。人民日報が共同声明の全文を掲載しなかったことの一つの原因がこのあたりにあるのではないか、という推測が成りたつ。

もう一つ、日本側の立場について指摘しておく必要があることがある。それは、「日本は、引き続き台湾と民間及び地域的な往来を維持する」（傍線は筆者）とある部分である。ところが人民日報によれば、この部分の中国語による表現は、日本語訳すると、次のようになる。すなわち、「日本は、ひきつづき台湾と民間及び地域的な往来に限って（中国語：只）維持する」（傍線は同じく筆者）となっているのだ。両者を比較すれば明らかなように、中国語版では日台関係のあり方を制限的なものとして維持することが強調されているのに、日本語版では日台関係を維持することに力点をおく感じになっている。

じつは共同宣言における日本語と中国語の表現が異なるのは、この部分だけではない。新ガイドラインの最終文書に関する英語本文と外務省が作成した日本語訳とのあいだには、日本国民の注意をそらすことを意図した多くの「意訳」や意識的な「誤訳」があることはよく知られている（この点について関心のある読者は、拙著『新ガイドラインQ＆A』を一覧いただきたい）。日中関係の文書にまでこのような手心（?）が加えられるまでになったとすれば、日々進んでいる日本政治の腐敗が官僚のモラル、国民に対する責任意識をもむしばむ傾向がおそろしい勢いで進んでいることを示すものだ。本当に背筋が寒くなる思いがする。

4　日中関係の前に横たわる負の遺産
——中国民間人の対日戦争損害賠償請求問題を考える

一般の中国人が、日本の侵略戦争によって受けた被害について、国家を通じてではなく、民間人として賠償を求めることは、近年になるまで考えられないことだった。しかしいまは事情がちがう。中国に対する侵略戦争に関する日本政府の誠意のない対応・日本国民の無関心に、中国政府が怒っただけでなく、侵略の直接の被害者である一般の中国人及びその家族・遺族も本気で怒った。日中共同声明（一九七二年）で、中国政府は、国家としては日本に対して賠償を請求する権利を放棄した。しかし、そのことと、一般の中国人が自ら受けた被害について日本の責任を問うこととは別問題だ。

私たちが考えなければならないのは、日本側の誠意のない対応が中国の民間人を行動にかりたてた、ということだ。そして、中国政府もこのような民間人の動きをとめようとしなくなっている。ここには、日本の戦争責任問題のすべてが凝縮している。この問題をくわしく検討し、日本側の問題を明らかにすることは、日中関係を健全な基盤のうえにのせ、日本そして日本人が何を考え、何を行うべきかを考えるうえで、欠かすことができないことである。

(1)　国家賠償と民間賠償

米ソ冷戦の深まりを背景に、日本をアジアにおける反ソ反共戦略の中心にすえたアメリカは、日本をアメリカの支配のもとにおく形で独立させようとして、日本との平和条約を結ぶためのサンフランシスコ会議を主催した。中国は戦勝国だったにもかかわらず、アメリカは、アジアにおけるソ連の傀儡《かいらい》と見なした中国の出席を認めなかった。これに対して周恩来首相は、アメリカ政府をきびしく批判し、そのなかで賠償問題に関し、「日本に占領され、甚大な損害をこうむったことがあり、しかも自力で回復することの困難な国々は賠償を要求する権利を有するべきものである」（一九五一年八月）と述べた。

この声明にそって、中国は同じ年、「遠い昔のことはしばらくおき、……一九三七年に日本が中国を侵略してからの八年間の戦争について見ただけでも、中国の軍隊と人民がうけた損失は一千万人以上であり、財産の損失額はアメリカ・ドルで五百億ドルをこえる」と考えていることを明らかにした。

また一九五五年には、「日本軍国主義者が中国侵略戦争の期間中に、一千万以上の中国人民を殺し、中国の公私の財産に数百億米ドルにのぼる損害を与え、また、何千何万もの中国人を捕らえて日本に連れてゆき、奴隷のようにこき使ったり、殺害したりした…。日本政府は、中国人民がその受けた大きな損害について、賠償を要求する権利をもっていることを理解すべきである」とも表明した。

一九六五年六月、当時対日関係担当の最高責任者だった廖《りょう》承《しょう》志《し》は、三木武夫衆議院議員に、「中国は賠償をとらないともいっていないが、それ以上に、とるともいっていない。われわれは中国の社会主義建設を日本の賠償で行おうとは思っていない。しかし一般的空気として賠償請求権のない蒋介石が賠償を放棄したからといって、中国に請求権がないという議論には反発している」と述べたこともある。

(2) 日中国交回復交渉で戦略的考慮を優先させた中国

日中国交回復交渉では具体的にどんな問題が議論され、争われたのか、また、どのような形で妥協・決着が図られたのか、という問題についてはすでに述べた。ただ、中国の民間人による対日損害賠償請求に関して、一九七二年九月の日中首脳会談で周恩来が行った次の発言は心にとめておきたい。この発言は、首脳会談に先だって行われた外相会談で、日本側が、日中間の戦争状態は日華平和条約で終わっており、賠償問題も処理ずみだ、と主張したことに対する反論として行われた。

「日本側は、蔣介石が日台条約ですでに賠償要求の権利を放棄することを宣言したので、日中共同声明では再度賠償問題を提起する必要はないと主張するが、……当時蔣介石はすでに台湾に逃げており、もはや全中国を代表することはできなかった……。われわれが賠償要求を放棄するのは……、日本人民を賠償の負担によって苦しませたくないからだ。（それなのに）日本側は、我々の好意を『ありがたい』と思うのではなく、蔣介石が賠償はいらないと言ったから、などという。こういう言い方は我々に対する侮辱であり、絶対に受けいれることはできない。」

この周恩来の発言をすなおに読めば、当時中国側が戦争賠償問題をとりあげなかったのは、日本に要求することが法律的に無理だと考えたからではなく、政治判断が優先したためであることが分かる。

そのことは、当時の日本側の指導者も正しく認識していた。日中共同声明発表後の記者会見で、大平正芳外相は、「中国の賠償放棄については、過去の日中間に不幸な戦争の結果、中国国民が受けた被害がきわめて大きかったことを考えれば、我々としては、これを率直かつ正当に評価すべきだと考えている」「中国としては、戦勝国であり、被害者の立場にある。したがって、どのような請求も可能である立場にあるにもかかわらず、賠償請求権を放棄したことを率直に評価しなければならない」と述べている。

(3) 抗日戦争関係者への補償を強化した中国

一九八〇年に中国政府は、「革命烈士表彰条例」を定めた。この条例では、「(中国)人民及び人民解放軍軍人で、革命闘争、祖国防衛及び現代化建設の事業において犠牲になったもの」を「革命烈士」と称し、その家族を「革命烈士家族」とするとしている。「革命烈士」には五つのカテゴリーを定めているが、そのうちの四つのカテゴリーは抗日戦争関係者にはいる。

そして一九八八年には、一定の条件を満たすものに対し、定期的な慰労金の供与、医療費の減免、就業上の優遇措置、復員軍人老齢者への優遇措置などを定めている。さらに一九八九年にも追加措置がとられたが、そのなかでは抗日戦争関係者をとくに優遇する規定をもりこんだ。中国政府は、日本の侵略戦争の犠牲者に対する経済的な支援を行うため努力してきたことが分かる。

しかし以上の法令や措置は、抗日戦争に従事した旧軍人、抗日戦争に従事して「烈士」と認定されたもの及びその家族・遺族に対する補償だけを定めたものである。つまり、日本の侵略戦争の犠牲になった多くの一般の中国人は救済あるいは補償の対象からはずされているのだ。日本の侵略戦争の犠牲になった一般中国人のなかから、対日戦争賠償請求の動きがでてくる背景として心にとめておきたい。

(4) 一般の中国人の中から起こった民間人の戦争賠償請求の動き

中国国内で対日民間賠償請求問題が本格的にとりあげられ、研究が始まったのは一九八七年だ。また最初の民間の動きは、一九八八年九月に山東省張家楼村の二百名以上の村民が署名し、中国にある日本大使館に送りつけた賠償請求の手紙だった。この年には、江蘇、山東、浙江の各省から合計二八通の賠償請求を求める手紙が日本大使館に送りつけられたという。

中国国内で民間訴訟に対する関心が高まりはじめたのは、一九八〇年代後半からである。日中関係は、一九八〇年代はじめまではいちおう順調に発展した。しかし一九八二年にはいわゆる歴史教科書検定問題（文部省が歴史教科書における侵略という記述を進出と書き換えさせるなどの検定を行った）がおこり、一九八五年には中曽根首相が靖国神社を公式に参拝し、日中関係はそのたびに緊張した。中国国内の対日民間賠償請求を求める声が高まっていったのは、中国の国民感情をさかなでする日本側の歴史認識及びそれに基づく行動と無縁ではない。

この問題に対する中国国内の関心が全国的に広がったのは一九九一年だった。この年に開かれた全国人民代表大会（日本の国会に相当）の期間中に、童増という人物が次の内容の意見書を提出した。

「一九三一年から一九四五年にかけて日本の侵略者が中国に対して与えた損害に基づく賠償は約三千億米ドルである。その内訳は、戦争賠償が約一千二百億米ドル、被害に基づく賠償が約一千八百億米ドルである。一九七二年に中国政府は……日本人民の負担を軽減する趣旨から日本に対する戦争賠償請求は放棄した……。しかし日本の侵略者が侵華戦争において戦争規則及び人道上の原則に違反して中国人民及びその財産に対して犯した重大な罪業に関する賠償要求、つまり一千八百億米ドルの被害にかかわる要求に関しては、中国政府はどのような状況においても放棄するとは宣言していない」

そしてつづく一九九二年の全国人民代表大会では早くも、「日本に対して民間賠償を請求する議案」が提起されるまでになった。

(5) 中国政府の態度を変えさせた中国国内の動き

中国の民間人が始めた日本政府に対する戦争賠償請求について中国要人が行った発言の最初

は、一九九二年四月の江沢民によるものである。日本人記者が、日中戦争のときの民間被害について、日本に対し賠償を求める動きが中国でおこっている問題について質問したのに対し、江沢民は次のように答えた。

「日本軍国主義が発動した中国侵略戦争は、中国人民に巨大な損害を与えた。戦争が残したいくつかの問題に関して、我々は従来から事実に基づいて真実を求め、厳粛に対処するという原則を主張し、相互に協議してこれらの問題について条理にかなう形で妥当に解決するべきだ、と主張してきた。このようにすることが、両国の友好協力、共同発展及び両国人民の友好増進に有利である。戦争賠償問題に関しては、中国政府はすでに一九七二年に発表した中日共同声明の中で自らの立場を明らかに述べており、この立場は変わらない。」

江沢民の発言は、全国人民代表大会の動きなどをふまえたものであり、その発言は思いつきではなく、中国国内の関心のもりあがりを意識したものである。ただし、江沢民発言の最後のくだりからも分かるように、この段階ではまだ、中国政府は中国民間人の対日賠償請求に対してハッキリした態度をとることには慎重だった。

しかし中国人の対日感情は、一九九五年以後悪化の一途をたどった（前述）。そしてそのことが、中国の民間人が日本政府を相手どって戦争被害に関する民間賠償請求の裁判をおこす動きを始めたとき、中国政府はこの動きを支持する姿勢をとることにつながった。中国政府がなぜ中国人による日本政府に対する民間賠償請求に対して好意的態度に変わったか。その変化の背景には、戦争責任を認めようとしない日本に対する強いいきどおりが働いていることはまちがいない。

前に述べたように一九八二年にはいわゆる歴史教科書検定問題をめぐって、日本と中国その他のアジア諸国とのあいだで外交問題にまで発展した。中国国内では、「血によって書かれた歴史を永遠に南京の大地の上に刻みつけておく」ことを求め、南京大虐殺に関して歴史を編修し、記念館を建て、記念碑を建立することを求める声が強くあがった。侵華日軍南京大屠殺遭難同胞記念館は一九八五年はじめに起工され、わずか八カ月で完成した。そして抗日戦争勝利の八月一五日に開幕式が行われ、鄧小平が記念館名を自ら揮毫《きごう》した。

また盧溝橋事件を契機に起こった日中全面戦争を記念するための抗日戦争記念館については、一九八六年一二月に建設が決定され、翌年七月には第一期工事が完成、事件が起こった前日の七月六日に落成式が行われた。この記念館名も鄧小平の揮毫になる。

その後、「戦後五〇年」の節目となる一九九五年を迎え、日本国内で対中侵略戦争に関する反省の機運がまったくおこらないことがはっきりするにしたがい、中国は抗日戦争勝利五〇周年の歴史から学ぶ国民的運動を大々的に行った（前述）。八月一五日には江沢民以下の指導者が抗日戦争記念館を参観した。ここで江沢民は、「抗日戦争の勝利は日本軍国主義の覇権を求める野心を粉砕しただけではなく、百年以上にわたった民族的な恥辱を洗いながし、中華民族が滅亡する危機から振興に向から転換点になり、国家の独立及び民族の解放の基礎をうち固めた」と述べた。

⑹ 変化した中国政府の対日賠償請求に対する姿勢

一九九五年三月九日付けの『朝日新聞』は、北京特派員の記事として、当時開催中の全国人民代表大会で、銭其琛《せんきしん》外相が台湾省代表との会議に出席した際の発言として、次のように報道した。

「台湾省代表が八日明らかにしたところによると、銭其琛副首相兼外相は、対日戦争賠償問題について、一九七二年の日中共同声明で放棄したのは国家間の賠償であって、個人の補償請求はふくまれないとの見解を示した。銭外相はまた、補償の請求は国民の権利であり、政府は干渉できないと述べ、日本政府が適切に処理することを望む姿勢を暗に示した」

また同年六月、中国外交部のスポークスマンが、日本は「慰安婦」への補償として「女性のためのアジア平和友好基金」の設置を明らかにしたが、これをどう見るか、という質問に対し、次のように答えた。

「『慰安婦』問題は、日本の軍国主義が侵略戦争の中で犯した恥ずべき行為の一つであり、日本政府は、歴史に責任を負う姿勢で、被害国と被害者の気持ちと要求を十分に尊重することを前提として、真剣に対応し、善処すべきであると思う」

この発言は、いわゆる「従軍慰安婦」問題に関する質問に答えたものであるが、「慰安婦」問題は「日本の軍国主義が侵略戦争の中で犯した恥ずべき行為の一つ」という表現から、日本の戦争責任問題が「慰安婦」問題に限られるものではないという認識に立っていることをハッキリと読みとることができる。

日本軍の中国侵略戦争によって大きな被害を受けた多くの中国人にとって、日本に対する賠償請求を放棄することには当初強い抵抗があったことを、私自身数少なくない中国人から聞いている。日中国交回復当時の中国政府の辛抱強い教育によってはじめて、多くの中国人は、日本軍国主義の被害者でもある日本国民に賠償責任を負わせるべきではない、という考え方に納得したのだという。

しかしそこには前提がある。それは、日本が過去を悔い改め、二度と中国人民を怒らせるようなことをしない国に生まれ変わる、ということである。具体的には、日本が日中共同声明及び日中平和友好条約での約束をしっかりと守り、戦争責任を反省し、中国の人々の感情をさかなでするような言動をかたくつつしみ、中国との関係を大切にし、発展させるということである。

ところが日本は、一九八二年の歴史教科書検定問題をはじめとして、中国側のそうした日本に対する期待を土足でふみにじった。中国側から見れば、「傷口に塩を塗る」に等しい行為を、これでもか、これでもかとくりかえしてきたのが、現在までの日本である。これでは、いくら中国政府が努力しても、中国の人々の気持ちのおさまりがつかないのは当然だろう。

したがって、中国政府が中国民間人の対日戦争被害賠償請求を支持するようになった原因としては、いくつかの要素が働いた結果だと考えられる。

まずもっとも根本的な原因としては、俗にいう「堪忍袋の緒が切れた」ということだ。日本が戦争責任をしっかりと受けとめる国に生まれ変わることを期待してきたが、日本はその期待にこたえる努力をしてこなかった。それどころか、「新ガイドライン」に代表されるように、アメリカと一緒になってふたたび中国に対して歯をむきだして襲いかかる危険性すら生まれようとしている。

次に、そういう無責任な日本の対応に対する中国人一般の不満、怒り（ナショナリズムの激発）をこれ以上なだめ、抑えることはもはや困難であるという判断が働いている可能性も大きい。私たちは、中国は「共産党の独裁の国」だから、なにごとも共産党の意向次第だろうと考えがちであるが、そのような受けとめ方はまちがいだ。アヘン戦争以来の民族的屈辱を経験した中国では、ナショナリズムこそが政治の原動力であり、中国共産党といえども国民的なナショナリズムの感情を無視した政策をとることは不可能である。

さらに、できるかぎり抗日戦争の犠牲者及びその遺族を救済・補償するという考え方は、もともと中国政府の重視するところだ。中国の財政状況を勘案するとき、国内立法救済措置ではとうてい被害者全員を救えない以上、被害者が日本の国内法に基づき、裁判を通じて賠償・補償を勝ちとる道が開けるのであれば、中国政府としてもなんら反対するべき理由はない。

5　二一世紀の日中関係を左右するもの

以上に述べた日中関係のこれまでの歩みをふまえ、次に、二一世紀に向けた日中関係を考える上でどのような要素に着目する必要があるかを整理し、日中関係の持つ重みを再確認しておきたい。

(1)　惰性的・他律的な姿勢からの脱却

二一世紀に向かう日中関係のあり方を考えるうえでは、第1節と第2節に述べた諸点をふまえることが必要であることはいうまでもない。しかしこの関係の重要性を考えるうえでは、ほかにもふまえておく必要がある点がいくつかある。

国交回復後の日中関係における日本の対中姿勢・政策の特徴をまとめるならば、「惰性的」であり、「他律的」であった、ということになるだろう。「惰性的」とは、中国側は新しい日中関係のあり方を考えようとする強い姿勢が常にあったが、日本側は成りゆきまかせでハッキリした対中政策といえるものが生まれなかったということだ。また「他律的」ということは、中国側には自らの考えに基づいて日中関係を進める用意があったが、日本側は常にアメリカの顔色をうかがいながら対中関係を考える気持ちしかなく、主体的に日中関係を作りあげていくという積極的な姿勢はほとんどなかったことを意味する。

このように述べると、国交回復後の日中関係では経済・経済協力という強力な要素が働いてきたという反論が提起されるかもしれない。たしかに経済・経済協力面での日中関係の歩み・実績は、日中関係を支える大きな要因として働いてきた。しかしここでの問題は、日本には確固とした対中経済・経済協力政策があったかということである。

経済関係については、欧米諸国の首脳が中国を訪問するとき、経済界の首脳を引き連れて行くことがまれではないのに対し、日本に関してはそういうケースはないということは象徴的である。

一つだけ個別のケースとして、中国の自動車産業育成政策に対するドイツと日本の対応の違いを考えておきたい。中国が自動車産業育成政策に本格的にとり組み始めたとき、中国は明らかに日本に目が向いていた。しかし当時の日本の自動車業界は消極的であり、日本政府も業界に働きかけを行うことはなかった。これに対してドイツは長期的展望に立って中国との合弁に積極的にとり組み、アメリカもそれに続いた。近年になって日本の自動車業界は巻き返しに躍起になっているが、中国側のドイツ（アメリカ）及び日本に対する姿勢の差は歴然としている。

経済協力に関していえば、日本の対中協力の実績は群を抜いているし、中国の経済建設（とくにインフラ建設）への貢献は大きいものがある。しかし、対中経済協力が明確な政策・指針に基づいて行われてきたかとなると、はなはだ心許ない。そのことは、中国の核実験継続に対する報復措置として無償経済援助を停止（前述）したり、二〇〇〇年には中国の調査船が日本の経済水域に入りこんで調査を行ったことに対する反発として、特別円借款の供与を見合わせるべきだという主張が自民党を中心に高まったという事例を見ても明らかである。

要するに日本の対中経済協力政策は、経済関係と同じく、確固とした明確な方針のもとで進められてきているわけではないのだ。「惰性的」「他律的」という性格は、経済・経済協力関係においても例外なく当てはまる。

しかし二一世紀の国際社会で、大国である日本と中国が担うことが求められている役割は大きい。その役割を十分に果たすことができるようにするためには、惰性的、他律的に営まれてきた日中関係に終止符を打つ必要がある。国際社会において日中両国が担うことが求められている役割とのからみで、日中双方が踏まえるべき基本的ポイントとはなにか。ここでは三点にしぼって考える。

(2) ともに大国である日本と中国

日中両国は今後、国際関係において大国として行動することが求められている（国際社会において大国であるということがどういう意味をもつのか、とくに日本が大国であるという事実を私たち日本人はどう受けとめ、消化することが求められているのかという点については、拙著『大国日本の選択』で詳しくとりあつかった）。大国である両国の関係がどうなるかは、直接間接に国際関係全体に大きな影響を及ぼす。もっぱら自国だけの利益を考えて日中関係をとりはこぶことは許されるものではない。

この点について、中国はすでに早くから自らを大国と位置づけ（面積、人口などの目に見える意味においてだけでなく、核兵器保有国、安全保障理事会常任理事国、開発途上国の有力な一員という意味でも）、国際関係において大国として行動することを心がけてきた。中国国民に対しても「責任ある大国・中国」についての自覚をうながす教育・宣伝はかなり徹底して行われており、国民も自信にあふれる姿が目立つようになっている。

かつて軍国主義により多くの犠牲を強いられた苦い経験をもつ日本国民のなかには、「国家」という言葉を聞くだけでもなんとなく居心地が悪い気持ちになる人も少なくない。「大国・日本」などとなるとますます違和感が先立つ日本人が多い。戦後長い間政治を牛耳ってきた保守政治層も、一九九〇年の湾岸危機が起こるまでは、「国家」「大国・日本」についての意識という点では、ふつうの日本人とたいして変わるところはなかった（一九九〇年代以後大国・日本の国際的責任について、保守政治の側からいち早く強烈な主張をするようになった小沢一郎にしても、湾岸危機が起こる寸前までは、「政治とは利益配分のこと」と公然といっていた。拙著『新保守主義』参照）。

しかし多くの難題をかかえる国際社会は、そんな日本・日本人の〝お家の事情〟などに心をくばる気持ちも余裕もない。米ソ冷戦が終わった後の一九九〇年代に入ってからは、大国・日本に対する国際社会の期待・要求はふくらむばかりである。こうして今日の日本・日本人は、自分にはその気持ちも心の準備もできていないのに、国際社会のなかで「大国」として積極的な役割を果たすことが求められる状況にうむをいわさず直面させられるようになった。いうならば、十分に予習もしないままに授業に臨んで、突然先生に名前を呼ばれてドギマギしている生徒のようなものだ。頭のなかが真っ白になって、ぼう然と立ちつくしているさまである。九〇年以後のいわゆる「国際貢献」問題に関する国民の曖昧をきわめた反応は、このような心理を理解すれば、なんら怪しむ理由はない。

日本・日本人のこのような消極的な対応・反応は、国際経済が全体として成長を続け、国際社会が全体としてさまざまな国際問題にゆとりを持って対応できるかぎりは、それほど深刻な批判を招かなかった。しかし国際的なゆとり・余裕が乏しくなるにつれ、国際社会の対日要求と日本・日本人の準備不足とのあいだの矛盾を埋めることは、いまや一刻もゆるがせにできない焦眉の急になっている。しかもこの矛盾を解決するうえで、国際社会の対日要求に手心を加えてもらうという余地はなく、もっぱら日本・日本人が曖昧な認識をぬぐい去り、心の準備を養うことが求められる状況だ。

「大国」であるための条件はさまざまである。たとえばアメリカは、国土、人口、経済力、核戦力、通常戦力、文化的影響力など、ほとんどどんな指標をもってきても「大国」として位置づけられるだろう。したがって国際関係のあらゆる問題について、アメリカが「大国」として行動することは当然のことと考えられている。問題は、〝どういう大国としてふるまうのか？〟に尽きる。

これに対して日本や中国は、いくつかの指標については「大国」だが、他の指標については「大国」としての要件を満たさない。そういう日本や中国にとって、〝どういう大国としてふるまうのか？〃という問題については、アメリカの場合とはおのずと違った答えを用意することが求められることになる。

たとえば日本の場合、国際的な軍事紛争については、過去の侵略戦争・植民地支配を徹底して反省してもうけた憲法第九条の精神に忠実であろうとするかぎり、軍事大国として行動することはおよそ論外である。この点については、反対の場合を考えてみれば分かりやすい。つまり、憲法第九条の制約をとり除いてしまい、日本が軍事大国となろうとしたら、アジア諸国を含めた国際社会はなんと思うだろう。新ガイドライン安保で日本の軍事力強化を後押しするアメリカも、日本がアメリカのいうことを聞くかぎりで安心しているのであり、日本がいうことを聞かなくなったら話はまったく違ってくる。このように、日本が軍事大国になることは、国際的な安全保障に深刻な影響を及ぼすことになるだろう。

しかし、二一世紀に向けて大国・日本がどういう大国として国際社会にかかわるのかについては、まだ私たち自身の答えは用意されていない。自民党を中心とする連立政権はまっしぐらにアメリカと手を結んだ軍事大国の道をつき進もうとしているが、その道の行きつく先は連立政権以外の誰もが望まないもの（つまり居丈高にアジア諸国を含む国際社会にあい対する道）であることははっきりしている。それに対し私たちが明確な答えを用意して日本政治の向かうべき方向について主導権を発揮することがいまほど必要になっているときはない。

中国の場合、アジアのほぼ中心に位置する「大国」としての政治的影響力は、周辺諸国としてはとうてい無視することはできない。核兵器国及び国連安全保障理事会常任理事国として、重要な国際問題に発言する大国としての地位は国際的に承認されている。しかし、通常戦力を一気に近代化することは不可能であり、軍事大国としての国際的影響力は自ずと限られる。中国もその点は自らわきまえている。中国の軍事力増強努力は、ひとえに台湾問題をめぐってアメリカに侮られないことを確保することに向けられている（米中軍事激突という最悪のシナリオの場合に、アメリカの軍事力になすすべもなく膝を屈するような事態を招くことは絶対に避けようとしている。最悪の場合には、アメリカや日本に核ミサイルで報復する実力ー核抑止力ーを維持するとともに、台湾の独立を阻止するに必要な通常兵力を備えることが二つの大きな眼目となる)。

中国の経済的躍進はめざましいが、先進経済国への仲間入りの道のりは険しく、国際経済問題に主導権を発揮する能力は限られている。しかし、中国の急速に成長する経済は市場として大きな魅力であり、中国としては外国資本をひきつける魅力を対外交渉力として活用するすべを心得ている。このように考えると、大国・中国の大国らしさは長期にわたって、国際的に何かを仕掛け、積極的にひっぱっていくというより、むしろ外から何か仕掛けられたときに強靱な粘り腰で容易に屈しない、国際的な動きをチェックするという点で発揮される可能性が大きい。

国際関係における「大国」という概念について、もう一つ留意しておきたいポイントがある。それは、「大国」である国家の行動が国際関係に及ぼす影響は、時にプラスの意味を持ち、また時にはマイナスの意味を持つことがあるという、一見当たり前のことである。言葉をかえてみれば、「大国」としての行動が国際関係に対してもつ意味は、その国家の意図により、あるいはその主体的意図を離れてさえ、良くも悪くもなる。この問題は決して仮定的な話として考えるべきではなく、すでに現実問題となりつつある。

日本国内には、経済的躍進がめざましい中国に対する警戒感をあおる主張が目立つようになっている。大国・中国の存在自体が日本の安全保障に対して脅威となるという議論である。「強権政治（天安門事件は、人権を弾圧する中国という印象を日本国民に植えつけた）を追求する中国」という受けとめ方が、核実験の継続（一九九四年―九六年）、台湾沖での軍事演習（一九九五年秋―九六年三月）、近隣諸国との領土問題、軍事費の増大、先進兵器の導入などの指摘と重なるとき、「中国脅威」論はいかにも説得力があるように映ってくる。このような主張は、大国・中国というイメージが広く国民に受け入れられているからこそ強い説得力を帯びることになる。

しかし中国側でも大国・日本に対する警戒感が強まっている。日本国内ではほとんど知られていないが、日米安保共同宣言（一九九六年四月一七日。いわゆる安保再定義）が発表されてから、日本が対米協力を隠れ蓑にして海外派兵・軍事大国への道を歩もうとするのではないかという不安の高まりは著しいものがある。この感情は、過去の侵略戦争の責任を否定し、さらには美化しようとすらする日本国内の近年の傾向に対する厳しい反発と相まって、日本に対する厳しい警戒感を生み出しているのである。

私たちは、日本が軍国主義の道をふたたび歩むはずはないと考えがちである。中国側もまた、かつての軍国主義がそのままの形で再現すると考えているわけではない。しかし、海外派兵の既成事実を積み重ね、なし崩し的に憲法第九条を空洞化し、時がくれば改憲をもくろむ手法は、軍事大国化を目指して既成事実を積み重ねたかつての軍国主義の姿を彷彿させるのである。

日中がたがいに相手の大国化に警戒を深める悪循環をチェックしない限り、アジア・太平洋地域（ＡＰＲ）を含む国際関係が、大きな不安定化要因を抱え込むことになることは見やすい道理であろう。逆に、日中両国が相互の疑惑を解くことに留意した政策を行い、安定した関係を作り上げることに成功すれば、国際関係の安定化にも重要な貢献を行うことができることも明らかである。

(3)　日本は「先進国」で中国は「途上国」という現実

中国は、改革開放政策を開始してから、平均して年率一〇％に近い経済成長率を達成してきた。このような高度成長が今後も維持されれば、二一世紀中に例えば国民所得（GNP）で日本を凌ぎ、アメリカに匹敵する経済大国になることは決して不可能ではない。

しかしこのような予測はあくまでもGNPというマクロの次元においてであり、国民一人当たりGNPに関しては、その時点での一五－一六億人の人口規模を考えれば、なお途上国の段階にとどまり続けるだろう。経済超大国であると同時に途上国でもあるという中国の特殊性が、今後の国際経済関係に及ぼす影響がどのようなものになるかは、比較しうる先例がないだけに、的確な予測を行うことは難しいし、したがって国際経済関係における中国の位置づけはふつうの国以上に難しいものになってくる。

そのことを端的に示しているのが中国の世界貿易機関（WTO）加盟問題である。中国のWTO加盟交渉の難航に照らして明らかなことは、GNPのみに着目して中国を先進国として扱うことは、中国のみならず国際経済全体の長期的な安定成長を考える上で多くの問題をひき起こすことは避けられないということだ。

二つだけ例をあげておこう。

一九八〇年代以来の中国経済の高度成長を支えてきたのは、郷鎮《ごうちん》企業（中国のもっとも基層行政単位は郷・鎮と呼ばれ、そういう大都市以外の地域で一九八〇年代中頃から急速に成長してきた企業群のこと）とか三資企業（外国資本との合弁企業、合作企業及び外国資本の単独出資による独資企業の三つを会わせた呼称）である。それに対して、それまで中国経済の根幹をなしてきた国有企業は、日本のかつての国鉄のように「親方日の丸」式の経営体質が染みついてしまい、改革開放体制のなかで不振にあえぐものが多い。しかしこれらの企業を一気に市場経済の荒波のなかに放り出すことは、ショック療法の荒療治を試みたロシア経済以上に深刻な政治・社会問題を生み出す（そのことは、単に中国経済だけの問題にとどまらず、東アジア経済ひいては世界経済に大津波を引き起こす可能性がある）。したがって中国としては、「石橋をたたいて渡る」形によるしかない。ところがアメリカが中国のＷＴＯ加盟に当たって求めてきたのは、まさにショック療法を持ち込むに等しいことである。

中国農業についても同じことがいえる。中国の主要農産物のなかには国内価格が国際価格を上回っているものがある。農産物自由化を一気に推し進めれば、八―九億人にもなろうという中国農民の生計を成り立たせなくなる可能性が大きい。また、中国の穀物生産は四億七―八千万トン前後だ。この自給体制を崩壊させて、中国が穀物供給を国外市場に求めるしかないというケースを想像してほしい。この中国の膨大な胃袋を世界農業がまかなえるはずはない。アメリカが中国農業の自由化を強要するのは、自国の余剰農産物の輸出を促進するというもっぱら当面の利益のためであり、国際的に見た場合には、とんでもない状況を生み出す可能性が大きいのである。

話を元に戻そう。日本国内で盛んな「中国脅威」論の根拠とされる軍事能力を考えるうえでは、GNPは総合的国力の指標として確かに一定の意味がある。中国のような人口大国の場合、国民一人当たりの国防費負担額は小さくても、GNPというパイが大きくなることで、国防支出にふり向ける余力は大きくなるからだ。

例で説明しよう。一九九七年の中国のGNP（世銀によれば、一兆五五四億米ドル）を一〇〇とすれば、日本（四兆八一二一億米ドル）は約四五六である（一：四・五六）。しかし国民一人当たりGNPでは中国（八六〇ドル）を一〇〇とすれば、日本（三万八一六〇ドル）約四四四〇である（一：四四・四）。また、中国の国防費（ミリタリー・バランスによる一九九八年の数字は一一〇億米ドル）を一〇〇とすれば、日本の防衛費（四一〇億米ドル）は約三七〇である（一：三・七）。かりに二〇二〇年の両国のGNPが等しくなると仮定しよう（一：一）。そのときの両国の人口は一四億人と一億人と考えれば国民一人当たりのGNPでは約一：一四と、差は縮まるけれども、やはり日本の方が圧倒的に優位にある。けれどもこと軍事支出に限っていえば、たとえば中国の国防費がGNPの二・五％、日本が一％とすれば、国防費は二・五：一となる。つまり、国民一人あたりGNPでは日本は引き続き中国を圧倒するが、国防費に関しては中国が日本をはるかに上回る可能性がでてくる。中国を「脅威」と見なす議論は、このような将来予測によって補強されている面があることは否定できない。

ただし以上の比較はもっぱら日本と中国だけを抜きだした場合である。実際には中国としては日本の後ろに控えているアメリカの力をも当然考慮に入れなければならない。そうすると、事態は根底から逆転する。上のような比較からする「中国脅威」論は、まったくためにするものであることは、軍事専門家の間では常識に属する。

また、国際経済における中国の地位を考えるうえでは、国民一人当たりＧＮＰの方がより意味がある。この指標による限り、中国は二一世紀においても基本的に先進国以前の段階にとどまり続けるだろう。しかも中国経済の年率九％になんなんとする超高度成長は、今後はもはや期待できない。改革開放の進行にともない、難度の高い問題が山積している（上にあげた国有企業や農業の問題は山とある難題のなかのほんの二例に過ぎないのだ）。中国が過去二〇年近くにわたって達成してきた経済成長の勢いを維持できるためには、内外の環境が大幅に改善されることが条件となるだろう。そしてその保証はかならずしもないのだ。

他方、日本にとっての大きな問題は、経済大国の地位を二一世紀にわたって維持できるかどうかである。しかし、アメリカに次ぐ世界第二位の地位を維持し続けるかどうかはともかく、日本が国際経済の動向を左右する地位を持ちつづけることはおそらく間違いない。そうであるとすれば、経済大国・日本が国際社会とどうかかわるのかという問題は、まちがいなく二一世紀においても大きな問題として私たち日本国民の前に立ちはだかることになる。

以上から重要な結論がひき出される。つまり、今後もかなり長期にわたって経済途上国であり続ける中国に、経済大国・日本がどのようにかかわるかによって、国際経済ひいては国際社会全体の平和と安定的発展にとってきわめて重要な違いが生じる、ということである。両国が対決・敵対すれば、両国にとって決定的不利益であるにとどまらず、広く国際経済、さらには国際社会そのものにとって耐えがたいものとなる、ということだ。

(4) 日中両国が担うべき重要な国際問題

二〇世紀後半に次第に明らかになってきたことは、大国である日中両国は多くの重要な国際問題について、等しくかつ深いかかわりをもつようになっているということだ。この傾向は、二一世紀に向かってさらにハッキリしてくることはあっても、その逆はないだろう。日中両国がかかわらなければならなくなるこれらの問題点について分析・検討することは、ここでの目的ではない。むしろ日中両国がどのような挑戦に直面するかを考え、日中両国にはたがいに敵対・対立するという選択肢はあり得ないことを明らかにすることを確認したい。

二一世紀に向けて大国としての重みを増し続けるであろう日中両国がかかわらなければならない国際的課題は多い。ここでは戦争と平和の問題及び地域問題に限ることにするが、それはもっぱら紙幅に限りがあることによる。国際経済問題、地球規模の諸問題、そしてこれらの問題をも含めた国際秩序のあり方など、日中両国が協力・協調するべき課題は、今後ますます増えていくことを確認しておきたい。

＊平和・戦争・アメリカ

米ソ対決が終わったことは、国際の平和を自動的にもたらすものではなかった。米ソ冷戦の「勝利者」を自認するアメリカはむしろ、自らの冷戦戦略の〝正しさ〟が立証されたと見なし、「冷戦なき冷戦戦略」（軍事力によって国際関係を自国の思いのままに運ぶ戦略）を推進しようとしている（一九九三年発表のいわゆるボトムアップ・レビュー以来、アメリカの軍事関係の文書は、おしなべてこの発想で一貫している）。

また米ソ冷戦時代に押さえこまれていた多くの矛盾が噴き出し、内戦、地域紛争となって現れることとなったが、国際社会はこれらの問題に有効に対処する仕組みを見いだすまでにはなっていない。こうして戦争と平和という問題は、二一世紀においてももっとも根本的かつ最大の問題であり続けるだろう。

日中両国は、国際秩序に重要な責任を担う大国として、これらの問題とどうかかわっていくのかをますます厳しく問われることになる。とくにこれらの問題に関する日中協力は、これまでほとんど試みられたことがない。日中両国にとって、大国としての自覚・力量が問われる最大の試金石となるだろう。

二一世紀にむけた国際の戦争と平和の問題を考えるうえでただちに思いうかぶのは、核兵器の全廃を含めた軍縮問題である。日中両国がこの課題に重大な責任を有することについては異論の余地はない。しかしこの課題に本格的にとりくむうえで、というより戦争と平和という根本問題を考えるうえでは、アメリカの「冷戦なき冷戦戦略」を根本的に改めさせることが国際社会全体に共通する最大の課題である。アメリカの発想が根本的に改まらない限り、全面軍縮はもとより、核兵器の大幅な軍縮・全面廃絶という課題を現実的に考える可能性は生まれてこない。

とくに東アジアにおけるアメリカの戦略は、この地域の諸国間の潜在的対立（日本対中国、日本対韓国、日本対東南アジア諸国、東南アジア諸国対中国）を固定させることによって自らの覇権・軍事支配の地位を確保しようとする分割支配を最大の狙いとしている。このような状況のもとでは、日本と中国が両国関係をどう位置づけるかということは決定的に重要な意味を持つ。アメリカの分割支配の戦略を克服し、日中両国が相互信頼に基づく関係を作りあげることは、東アジアを含む国際社会の戦争を招きかねない要因をとりのぞき、平和と安定を実現するうえではかりしれない貢献を行うことにつながるのだ。

なおこの課題は、とくに日本にとって重要な意味をもつ。第二次世界大戦後「アメリカ＝善

＝正義」という漠然としたイメージが根強く支配してきた日本では、アメリカに対するいかなる批判も偏向・色眼鏡と見なされる雰囲気がある。しかし国際的に見れば、日本国内のこのようなイメージ・対米観こそがきわめてかたよったものなのだ。このかたよった対米イメージをぬぐい去り、戦後保守政治が追い求めてきた対米追随政策を抜本的に転換させることは、日本が国際社会において責任ある一員として承認されるうえで、不可欠の前提条件である。

一九九〇年以後の日米関係は、まったく逆の方向を目指して動きつつある（一九九六年四月の日米共同宣言によるいわゆる日米安保再定義及びそのもとでの新ガイドライン作成と日本における有事体制確立に向けた動き）。日本の保守政治層は、アメリカの対日軍事要求に積極的に応じることによって、第九条改憲という一九五五年の保守合同以来の悲願を実現しようとしている。それはまさに軍国主義・日本が犯した戦争責任を根本から否定し、中国をはじめとするアジア諸国の対日不安・警戒を固定するものである。日米安保再定義路線の実現を押しとどめることこそが、東アジアひいては国際の平和と安定をゆるぎないものとするうえで、私たちに課せられたもっとも重要な国際的な責任であることを認識しなければならない。

＊アジア太平洋地域問題

アジア太平洋地域（ＡＰＲ）の重要な問題・紛争要因の解決をはかるうえでも、日中両国が協力・協調できるか、それとも対決・対立するのかによって、事態は大きく変わってくる。APRにおける地域問題として二一世紀に向けて日中両国がとりくむことが求められる課題はきわめて多い。台湾問題、朝鮮問題、ロシア問題、さらには両国も直接の当事者である様々な領土問題など、処理・対応を誤れば一触即発の破壊エネルギーを秘めた問題が山積しているのがAPRである。しかもこれらの問題をも自己に有利なように動かそうとするアメリカの政策がさらに事態を複雑にしている。

ここでは台湾問題を例に考える（台湾問題をめぐる米中日の関係については第Ⅲ章で詳しく扱う。ここでは地域問題の一例として簡単にふれる）。中国は、固有の領土とする台湾の〝独立〟を決して認めない。アメリカは、太平洋における覇権的地位を確保するうえで台湾が中国のものにならない状況に戦略的価値を見いだしている。台湾をめぐって米中が軍事対決となれば、日米安保条約により、日本は自動的に対中対決に引きずり込まれるのである。

しかし日中両国が相互に対決することを拒否する政策を基本にすえた場合はどうなるか。アメリカが対中軍事対決を決意しても、日本はアメリカの行動をチェックできる。もっとも確実な方法は、日米安保条約を終了させ、在日米軍の撤退を実現することだ。あるいは、日米安保条約が存続する条件のもとでも、アメリカの日本からの出動を事前協議条項によって認めないことによって、アメリカが思いのままに行動することに歯止めをかけることができるのだ。

(5)　歴史を直視し、未来を切りひらく課題

以上から、二一世紀に向けた日中関係がいかに重要な国際的意味をもつかが理解されると思う。経済関係の発展だけによりかかって、なんとはなしに維持されてきた国交回復後の三〇年近い日中関係をキッパリ清算し、国際の平和と繁栄に積極的な役割を果たす日中関係のあり方を意識的・目的的に追求することが、これからの私たちに課せられた最大の課題の一つであることを強調しておきたい。

最後に、二一世紀に向けた日中関係を展望するうえでいまひとつ重要な視点があることにも触れておきたい。それは、歴史的な枠組みのなかに両国関係をおくという視点である。

日中関係の歴史は長いが、日中関係が対等平等な関係として意識された時期はない。明治維新にいたるまでの日中関係は基本的に、中華帝国を中心とする東アジア秩序のなかにあったし、その秩序で支配したのは上下関係である。日中両国が欧米中心の国際秩序に巻き込まれてから日中関係は逆転し、日本は中国と敵対し、さらには侵略する方向をひたすら追い求めた。第二次世界大戦後も、日本が台湾の蒋介石政権と国交を結び、大陸と対立しつづけたために、日中関係は二〇余年にわたってきびしい関係を余儀なくされた。国交回復後の二五年間は、おもに日本側の責任によって積極的で建設的な関係の基礎を築くことができなかった。

対等平等な日中関係を作りあげるという課題は、二一世紀を目前にして日中両国がはじめてとりくむ真新しい問題である。真っ白なキャンバスに日中両国がどのような絵を描きだすのか、それによって国際社会全体の姿も変わってくるだろう。

Ⅲ章　米中関係と台湾問題

1　米中関係のカギは台湾問題

(1)　台湾問題と不可分な新ガイドライン

一九九七年に行われた中国の江沢民主席の訪米及びその翌年に行われたアメリカのクリントン大統領の訪中により、米中関係は「新しい形の戦略的パートナーシップ」をめざすことがうちだされた。天安門事件をきっかけとしてとかく対立面がめだった両国関係に、転機へのきっかけが生まれたと言われた。

しかしクリントン政権は、日本政府に対しては、日米安保共同宣言（一九九六年四月一七日）でガイドライン（一九七八年一一月作成）の見直しを約束させ（一九九七年九月に発表された最終報告が、その後新ガイドラインと呼ばれる。その内容については、拙著『新ガイドラインQ&A』で解説した）、アジア太平洋地域で軍事力を維持し強化することに余念がない。新ガイドラインが適用されることとなる「周辺事態」ということばが指す範囲は、安保条約が適用される「極東」

という範囲よりはるかに広く、地球全域を対象としているといってもいいすぎではない。そしてその中に台湾が含まれることは常識である（前述）。中国政府はこのことに強く反発し、警戒をあらわにしてきた。

この章では、米中関係の本質を明らかにしようとするのが目的である。もちろん米中関係は、台湾問題だけで左右されるほど単純な関係ではない。中国経済のめざましい躍進、さまざまな問題をかかえながらも急成長する米中経済関係、あくまで社会主義経済建設にこだわり、アメリカが支配をめざす先進国主導の国際経済体制とは一線を画そうとする中国が、二一世紀中頃までにはアメリカに並ぶ超大国・軍事大国になることを見こんだ「中国脅威論」、アメリカが対中関係ではことさらに重視する人権問題やチベットをはじめとする少数民族問題、そして中国をなんとかしてアメリカ主導の「国際共同体」の中にまきこむことをねらうアメリカの戦略と、これに屈しないで国情にあった国づくりを手探りする中国とのあいだに横たわる根本的な価値観のちがいなどを無視すれば、米中関係の全体像を正しくつかむことはできない。

しかし台湾問題は、中国のナショナリズムとアメリカの国益最優先の政策が正面からぶつかりあう、つまり国民的感情や利害損得がもろにからみあう問題である点で、他の問題とは比較にならないほど扱いにくい性質をもっている。そのために台湾問題は、米中間に何かがおこるたびに、両国のあいだの対決と不信をいやがうえにも増す危険なエネルギーの源となってきた。

「台湾は中国の領土の一部である」という主張はしごくあたりまえに見える。ところが台湾は、アメリカや日本の支持をあてにして独立を宣言する、あるいは、一九九九年に台湾の李登輝が急にいいだした「(中国と台湾は) 特殊な二つの国家」という主張で、実質的に「二つの中国」を国際的に認めさせようとする可能性、つまり休火山が突然爆発する可能性が常につきまとっている。

こういう最悪な事態になったとき、中国は絶対に黙ってひきさがることはない。しかしこの点については、アメリカと日本の軍事力に恐れをなして、すごすごひきさがるとタカをくくっている日本の保守政治家が多い。そのこと自体、彼らがアジアに対する侵略戦争で日本がなぜ敗れたのかを直視しようとしない本質をさらけ出している。アジア諸民族のナショナリズムは決してバカにしてはいけないという教訓をくみとることこそが、侵略戦争というとてつもない高い授業料を払った日本の私たちが学びとるべき最大のポイントだ、というのに。

その時アメリカは、「台湾を守る」と称して、中国の軍事行動に対抗して軍事介入する。その軍事介入を可能にするのが新ガイドラインであり、アメリカの対中軍事干渉を全面的に支持し、これに協力しようとするのが周辺事態法なのだ。

ここで、多くの人が見過ごしていて、しかも決定的に重要なポイントを是非ハッキリさせておかなければならない。それは、台湾の独立（どういう形かはここでは問わない）へのいかなる動きも、アメリカ、日本の支持なしにはありえないということだ。つまり、「台湾有事」という事態は、アメリカ、日本が原因を作るのであって、中国が「何が何でも」と先手をとって動くという話ではない、ということだ。アメリカ、日本が台湾をそそのかすようなことをしなければ、台湾が下心につき動かされることはなく、「台湾有事」は起こらないのだ。

ところがアメリカは、「中国が台湾に軍事行動をおこしたら」黙っているわけにはいかないという。しかし、この言い方には明らかにウソがある。アメリカが、台湾問題はあくまで中国の内政問題であることをわきまえ、この問題には「何があっても干渉しない」ことを明言すれば、台湾が独立に向かって暴走することはありえず、したがって中国が軍事行動を起こす可能性はゼロなのだ。

そう判断する根拠は単純明快である。「台湾が何もしていない」のに、中国が同胞たちに向かって核ミサイルをぶちこむなどということは、よほどの「中国嫌い」の人間でもないかぎり、「ありえない」と認めるだろう。中国が台湾に対して見さかいない行動にでれば、中国の国際的信用はがた落ちになるし、そんな中国に誰が投資し、取引をするというのか。その結果、中国が最大の課題としている改革開放政策は完全に水の泡と消える。こんなことは子供でも分かる理屈である。

(2)　今も潜在する米中軍事衝突の危険性

アメリカが現在もっとも望ましいことと考えているのは、台湾が中国の一部にならないこと、つまり現状維持である。現状維持がなぜ望ましいか。台湾が中国の一部となるか、それとも中国の「息がかからない」状態でいるかによって、東アジアの軍事情勢は大きく変わってくる、とアメリカの専門家は考えている。もっと具体的にいえば、アメリカと日本の中国に対する軍事的最前線が台湾海峡になるか、それとも台湾の東岸の沖合にまで後退するか、ということだ。アメリカの軍事専門家にとって、このちがいはとてつもなく大きい。また、中国、台湾及び香港が一体になれば、強力な経済力を擁した超大国・中国という姿ががぜん現実味を帯びてくる。アメリカの覇権は確実に脅かされる。

したがって台湾海峡をはさんで緊張が高まれば、アメリカが台湾「防衛」を名目にして軍事力行使にふみこむ可能性は大きい、と見なければならない。しかし、中国がそうした事態になったときに泣き寝入りすることはありえない（前述）。一九九六年三月に中国が台湾沖で軍事演習をしたのは、李登輝が総統選（同月）に勝利したときには、余勢をかって独立に走る可能性があったため、それを押さえるためのギリギリの行動だった。アメリカは二隻の空母を派遣し、当時米中間の軍事緊張は大変なものがあったことが分かっている。この例が示すとおり、米中軍事激突の可能性はたしかに存在するのだ。

しかし、一九九六年三月当時の日本国内の受けとめ方は「極楽とんぼ」の形容がぴったりしている。台湾が独立を宣言し、アメリカが軍事介入したら、日本は当然アメリカの側にたつべきだ、という勇ましい主張が横行した。しかし、中国があらゆる軍事的手段を使って反撃するということは、アメリカの対中軍事攻撃の最重要基地である日本もその矢面にたつということだ。

もっと具体的に言おう。今日の中国には、日本全土を標的におさめることのできる核ミサイルが百数十発あるとされる。アメリカの対中侵略戦争の軍事同盟国となる日本は、中国による核ミサイルによる反撃の対象となる。広島、長崎をはるかにうわまわる地獄絵が日本を襲うということなのだ。

本論からそれるが、どうしても考えてほしいことにふれておく。このような本格的な戦争の発生を現実的可能性としてしまい、しかもそのような事態にすすんで身をさらそうということで作られたのが新ガイドラインだ。そして新ガイドラインの中身を日本が全面的にひき受けようというのが、周辺事態法以下の有事法制だ。私たちは、そんなことを許せるのか。

私たちの課題は、アメリカが戦争を始めることを前提にしてそれに無条件でしたがうことではなく、米中軍事激突がおこらないよう、なんとしてでも防止することにあるのではないのか。

さらにいえば、日本全土が核兵器で破壊されるという地獄絵を現実のものとしないため、米中関係を真に安定した友好的なものになるようあらゆる努力を払うことが、日本外交にとっての至上課題であるはずだろう。

台湾問題の重要性がお分かりいただけたことと思う。台湾の人々が独立するかどうか、それを中国が認めるかどうか、それはあくまで、アメリカや日本の干渉がないという大前提の下で、彼ら自身が話しあいで決めることだ。アメリカや日本がくちばしをはさむことではない。そういうごくごくあたりまえのことを、私たちが台湾問題を考えるさいの前提にすることがなによりも大切なのだ。

では、以上のごくごくあたりまえなことを受けいれさせない内外の雰囲気は、どうして生まれてきたのか。ここには深い米中間の歴史的原因が横たわっている。この歴史を踏まえれば、「台湾問題」は国際政治の産物であることが分かるはずである。

そこでこの章では、米中関係における最大の「トゲ」とでも形容するべき「台湾問題」の本質を、第二次世界大戦終結前後から今日までの歴史的経緯を整理する形で明らかにする。

2　戦後国際政治の産物としての台湾問題

アメリカが台湾問題に軍事的に干渉する政策にしがみつく最大のよりどころは、「台湾がどこの国の領土であるかは、国際的にまだ決まっていない」という主張、つまり「台湾の領土的帰属は国際的に未決定である」という主張（「未決論」）である。「未決論」は、第二次世界大戦後、とくに朝鮮戦争がおこった後、アメリカの対中政策の中心にすわって今日にいたっている。アメリカが「未決論」に根拠をおいて実質的に台湾を支配しつづける政策は、台湾内外で様々な形の「台湾独立」論を生みだしてきた。

(1)　アメリカの対中政策における「未決論」の定着

＊「未決論」の誕生を生むもとになった日本による台湾支配

今日の「台湾問題」を生みだしたもともとの原因は、日清戦争の結果結ばれた下関条約（一八九五年）である。この条約で日本は、清国から台湾を割譲させ、植民地にした。中国の一部であった台湾は日本の領土とされ、それ以降日本敗戦（一九四五年）にいたるまでの五〇年間、日本は台湾に対して植民地支配を行った。

一九四三年一一月にエジプトのカイロでルーズベルト、チャーチル及び蒋介石の首脳会談（カイロ会談）が行われ、「日本によって中国側から盗取せられた満州、台湾、澎湖諸島等のすべての領土は、中華民国に回復されるべし（shall be restored）」という内容をもり込んだカイロ宣言が発表された。

一九四五年七月にベルリン郊外のポツダムで行われた連合国首脳会談では、日本に無条件降伏を勧告するポツダム宣言がだされ、そこでも「カイロ宣言の条項は履行せらるべし」と明記された。日本はこのポツダム宣言を受けいれて降伏した。そして中国の国民党の軍隊は台湾に進駐した。

私たち日本人が台湾問題を考えるうえで片時も忘れてはならないのは、日本が台湾を中国から割譲させるという行動をとっていなかったならば、そもそも「台湾問題」という問題は生まれる余地がなかった、という事実である。そして中国人がこの問題を考えるときは、常にこの歴史的事実を思いおこすということだ。日本が中国に対してこのような侵略政策をとっていなかったならば、台湾は中国の領土の一部でありつづけた。その意味で、日本は台湾問題について重大な歴史的責任を負っているのである。そういう歴史的責任を負っている日本は、台湾問題に対しては他のどの国にも増して、中国・中国人を傷つける言動を慎むべき義務があるし、他の国家が中国の統一を妨げようとする行動に対しては、率先して反対の声を挙げるべき責任を有しているのである。

ところが戦後の日本政府は、中国の統一を妨げることを国策とするアメリカに全面的に追随してきた。日本がこの政策をきっぱりと断ち切ることがない限り、日本は中国に対する負債を清算することはできない。私たちは、なんとしてでも戦後保守政治が積みかさねてきたこの負債を清算するために、全力を挙げてとり組む義務があることをまず厳粛に確認しておかなければならない。

✴当初台湾を中国領として認めていたアメリカ政府

その後中国共産党との内戦に敗れた蒋介石・国民党政権が台湾に逃れ、いまや大陸全土を支配した共産党政権と対決することになったことに対し、アメリカ政府は、台湾問題にどう対処するかという問題に直面した。とくにカイロ宣言及びポツダム宣言とのかかわりで、台湾問題についてどのような政策をとるべきかが議論の対象になった。

この問題に関する国務省の立場は明快だった。すなわち、中華人民共和国が成立した直後に作成された「台湾政策に関するメモランダム」（一九四九年一二月二三日）は、次の諸点をハッキリ主張している。

「台湾は、政治上、地理上、戦略上のすべての点から中国の一部であり、絶対に特別な存在ではない。……政治及び軍事の角度から厳格にいって、台湾は完全に中国の内部事項に属する。確かに台湾の地位については対日条約で確定するのが筋だが、カイロ宣言、ポツダム宣言及び一九四五年九月二日の日本の投降書はすべて、台湾が中国に返還されると表明しており、しかもアメリカは対日勝利以後まもなく、中国軍が台湾を接収管理することに便宜を提供している。」

「あらゆる材料を利用して、……アメリカには台湾を救う責任があるという主張、また、そのために何らかの措置をとるべきだ……といった間違った印象に対して反論するべきだ。」

「この問題について偏見を持たないようにするため、中国政府のみが台湾に責任を有すること、……台湾には特別な軍事的意義はないこと……を強調することが妥当である。」

「台湾の戦略的重要性や、台湾が一つの政治的実体であるというような提起の仕方、……台湾の最終的帰属は対日条約によって確定するという声明を発表する……ことは避けなければならない。」

他方アメリカの軍部においては、ソ連（国際共産主義）との対決を重視する立場から、台湾の戦略的重要性を強調する議論が圧倒的だった。ただし、台湾をあくまで確保・支配するかどうかという点に関しては、必ずしも一つの考え方にまとまっていたわけではない。

たとえば、一九四八年一一月二四日づけで国防長官に提出された統合参謀本部議長のメモランダムは、台湾の軍事戦略上の意味を強調はしているが、台湾を防衛すべきだとはせず、沖縄確保という方向に議論をもっていっている。これに対してマッカーサー国連軍総司令官は、一九五一年六月四日に行われた上院軍事委員会での証言で、台湾を放棄すべきではないと主張した。

しかし当時のアメリカ政府にとって、台湾防衛に自ら足をつっこむことをためらわせる二つの問題があった。まず、民心を失った国民党政権を支持するためには大規模な軍事干渉を行う必要があるが、そのことは広範な中国人の反感を招き、アメリカ国民の批判は免れないという判断だった。いま一つは、大規模な軍事力を「台湾防衛のために……割く……ことは不可能だ」という軍事的判断だった。

こうして一九五〇年一月には、トルーマン大統領及びアチソン国務長官がこもごも、日本降伏とともに台湾は中国の一部になったという認識を明確に表明した。

「(アメリカがカイロ宣言及びポツダム宣言の当事国であることを述べた上で)ポツダム宣言はカイロ宣言の条項を履行すべしとしており、日本は投降に際しカイロ宣言の規定を受諾した。この二つの宣言を実現するため、台湾は既に蒋介石委員長に返還された。過去これまでの四年間、アメリカその他の同盟国は、既に中国が台湾に対して権限を行使していることを承認している」

（一九五〇年一月五日のトルーマン声明）。

「日本の降伏はポツダム宣言の基礎の上に行われた。降伏後まもなく台湾は、この宣言及び降伏条件にしたがって中国側に返還された。中国側は四年間にわたって台湾で施政を行ってきた。米国のみならず他のいかなる同盟国もその権限及び支配に異議を唱えたことはない。台湾が中国の一省とされたとき、そのことについて法律上の疑義を唱えたものはいなかった」（一九五〇年一月一六日のアチソン発言）。

✴朝鮮戦争で急変したアメリカの台湾政策

ところが一九五〇年六月二五日に朝鮮戦争がおこると、アメリカ政府の台湾政策は一変した。トルーマンは戦争開始の二日後（二七日）、第七艦隊を台湾海峡に送りこみ、「台湾の将来の地位という問題については、西太平洋地域の安全が回復し、対日講和条約が締結された後に、国連の意見を考慮したうえでのみ確定される」と述べ、それまでの「台湾は中国の領土の一部」と認めてきた政策を一八〇度ひっくりかえしたのだ。

このアメリカの台湾政策の転換は中国の強い反発を招いた。そして米中対立は、朝鮮戦争においてアメリカ軍主体の国連軍が三八度線を越えて北進（一九五〇年一〇月）し、これに対して中国軍が北朝鮮を支援するために参戦（同月）するに及んでぬきさしならないものとなった。

こういう背景のもと、翌年九月、アメリカの主導のもとに内容が決められたサンフランシスコ対日講和条約では、「日本国は、台湾及び澎湖諸島に対するすべての権利、権限及び請求権を放棄する」（第二条）とだけ定め、台湾が中国に返されるべきだというカイロ、ポツダム宣言を無視し、「未決論」を法的に固定したのである。

(2) ニクソンの登場と米中和解

アメリカは、その後も機会あるごとに「未決論」を主張してきた。その点を簡単に確認しておこう。

＊台湾海峡事件をめぐる米中間の綱引き

一九五四年一二月にアメリカと台湾の蒋介石・国民党政権とのあいだで米台相互防衛条約が結ばれた。中国は、この条約が結ばれた一九五四年から翌年にかけて（第一次台湾海峡事件）と一九五八年（第二次台湾海峡事件）に、福建省の鼻先の中国領海内に位置する金門及び馬祖《まそ》両島（福建省に所属している国民党政権が支配している台湾省以外の唯一の地域）に対してはげしい砲撃を行い、占領を狙った。

これに対してアメリカは、当初は国民党政権の抵抗軍事作戦を支持したが、一九五八年には金門島などを捨てる考えに傾いた。そしてダレス国務長官は、アメリカは金門、馬祖のために戦争をするつもりはなく、両島に軍隊を駐留させることは「よい考えではない」と述べるまでになった。

周恩来は、アメリカが国民党軍を金門、馬祖などから撤退させることで「台湾海峡情勢を凍結し、……アメリカの台湾に対する侵略占領を合法化し、『二つの中国』が事実上存在することを承認させようとしている」と判断した。そして、「アメリカが金門、馬祖からぬけだそうとしているが、我々はそうはさせない。……しばらくはこれらの沿海の島々を奪回せず、台湾、澎湖諸島と一緒に取り戻すことにする」と結論し、砲撃を中止した。

周恩来がこのように決断したのは、次のように理解される。アメリカとしては、福建省に属する金門島などについては「未決論」を適用することにはもともと無理があったわけで、むしろ金門などを中国に占領させた方が台湾「未決論」をすっきり主張することにつながる、というのがダレスの判断だった。中国側は、このダレスの判断を見ぬき、国民党政権に金門島などの支配を続けさせることによって台湾と大陸とを結びつける役割を担わせ、「未決論」がひとり歩きする可能性をはばむ方針を採用した、ということになる。

✴米中大使級会談でも「未決論」に固執したアメリカ

一九七一年にいたるまで、米中間にはいくつかの接触、交渉の機会があった。たとえば、ヴェトナム問題に関するジュネーヴ会議が開催された一九五四年には、アメリカから求めて米中の接触が行われた。当時のアメリカの目的は、中国領空を侵犯して捕虜になった米軍人及び中国に拘留されていたアメリカ人の釈放を求めることにあった。中国としても、中国人の留学生や科学者がアメリカで勾留されていた事情もあり、この申し入れに応じた。

一九五五年に周恩来は、「中国政府は、極東の緊張状態をめぐる問題、とくに台湾地域の緊張を緩和する問題について交渉したい」と声明した。アメリカはこれに応じ、中米大使級会談が開始されることになった。しかし台湾問題に関する交渉は難航した。中国は、台湾地域での中米間の緊張をとりのぞくことに関するハイレベルの会談を提案した。これに対しアメリカは、「国家目的を実現するために武力を使用することを放棄する」問題を最初に議論するべきだと要求した。

今日につづくアメリカの主張（中国は武力で台湾を解放する方針を放棄するべきだというもの）が、すでに一九五五年の段階から明確にうちだされていたことは、米中関係の対立の根深さを知るうえで忘れてはならないポイントの一つだ。

このアメリカ側の主張に対する中国側の反論は以下のようなものだった。中国側のこの主張も、今日まで一貫してくりかえされ続けることになるものだ。

「台湾問題には二つの性格がある。第一、アメリカの軍事力が台湾に侵入し、台湾海峡の緊張を作りだし、米中間の紛争をひきおこした……という台湾問題の国際的性格だ。……第二、中国側からいえば、台湾は歴史的にも事実においても中国の不可分な領土であり、いかなる方式によって台湾を解放するかは中国の内政で、アメリカには干渉する権利はないし、中国政府に武力行使の放棄を要求する権利はない。この二つの問題を混同することは許されない」

なお、米中大使級会談はその後も断続的に行われた（一五年間で合計一三六回）が、具体的進展を見ることのないまま一九七〇年代を迎えた。

米中関係に転機をもたらしたのは、国際環境の変化とその変化に対応した両国の相手側に対する認識の変化という二つの原因によるものだった。

一九六九年に政権についたニクソン大統領は、就任以前から対ソ戦略上の均衡を維持するための重要な要素として中国の存在に注目するようになっていた。またそうしたニクソンの動向については、中国側も早くから注目していたようだ。ニクソンが雑誌『フォリン・アフェアズ』（一九六七年一〇月）に発表した中国に関する文章は、中国側の多くの文献でもニクソンの中国に対する深い関心を示したものとして紹介されている。国際的に反共主義者として知られていたニクソンであったが、アメリカ及びソ連という二つの超大国を敵に回して苦況にあった当時の中国指導部としては、ニクソンをふくめ、アメリカ国内の動向には細心の注意をはらっていたのだ。

中国は当時、一九六〇年代を通じてソ連とのあいだで国際共産主義運動の主導権をめぐるはげしい論争を展開していたが、とくに一九六九年におこったソ連とのたび重なる国境武力衝突を通じて、米ソ両超大国と正面から対決する政策の限界を感じるようになっていた。したがってニクソンが大統領に当選すると、ますますニクソンの動きに注意をはらうようになった。

(3) 台湾「未決論」を温存した上海コミュニケ

✳戦略的考慮を台湾問題解決に優先させた中国

毛沢東及び周恩来がもっとも恐れたのは、ソ連がアメリカに働きかけて反中軍事包囲網を形成する可能性だった。

毛沢東は、アメリカのヴェトナム戦争の戦い方から、アメリカには中国と戦争をする気持ちはないという認識に傾いていた。毛沢東の以上の認識を受け、周恩来は一九六九年には外交部に対し、アメリカの対外政策の傾向と中米接触の可能性について分析するよう指示をだしたことが、中国側文献によって明らかにされている。

またこの年の春には、毛沢東は、中国軍の元老である陳毅、葉剣英、徐向前、聶栄臻《じょうえいしん》に対し、中国の国防問題について報告を出すように求めたことも、近年の中国側文献のなかで明らかにされている。これらの文献によれば、この報告は、米ソ対立の本質を考慮し、米ソが反中国で協力する可能性は少ないと判断し、ソ連の脅威はアメリカの脅威よりもはるかに大きいと結論づけ、対米緊張関係を緩和させること、そのためアメリカとの交渉レベルを格上げすることを提案したという。

台湾問題との関係で重要なポイントは、中国としても、アメリカが対ソ対決における中国の戦略的価値を明確に認識するにいたっているとの判断にたって、グローバルな戦略上の考慮を優先させ、台湾問題をしばらくわきにおき、より切迫したソ連の軍事的脅威に対処することを優先的に考慮するという準備を固めていたことである。

つまり、中米両国指導部はほぼ時を同じくして両国関係を見なおす方向にむかって動きだしていたのだ。その後のパキスタン、ルーマニアを通じた秘密接触、キッシンジャーの第一回目の訪中（一九七一年七月）、ニクソンの訪中発表（同年七月）、キッシンジャーの第二回目の訪中（同年一〇月）を経て、ニクソンが訪中する（一九七二年二月）までの経緯と事実関係はよく知られているのでくりかえさない。

中国側の文献及び『キッシンジャー［最高機密］会話録』（邦訳・毎日新聞社）によれば、キッシンジャーの二回の訪中で、台湾問題について彼が中国側に対して行った発言として注目すべき内容を記録している。

すなわち第一回の訪中の際に、キッシンジャーは周恩来に対し、①台湾が中国に属することを承認し、「未決論」はこれからは言わない、②中華人民共和国が中国の唯一の合法的な政府であることを承認し、台湾当局との断交は第二期ニクソン政権の最初の二年以内に解決する、しかし、③アメリカ側のカギとなる条件として、台湾問題を平和的に解決することを希望する、④中国が国連の地位を回復することを支持するが、台湾を追放することには賛成しない、⑤ヴェトナム戦争終了後、台湾に駐留するアメリカ軍を三分の二削減する、⑥米台相互防衛条約は歴史的に解決していく、と述べた。

「未決論」を言わないというキッシンジャーの発言は、「未決論」そのものがなりたたないことをキッシンジャーが間接的に承認したものと理解することができる。しかし発言全体としてみれば、実質的に「二つの中国」に立っており、米台条約廃棄及び米軍撤退を中国による武力不行使保証と結びつけている、という批判は免れないだろう。

これに対して周恩来は、中国側の国交正常化の三条件として、アメリカは台湾が中国の一省であることを承認すること、アメリカは台湾から撤兵すること、米台相互防衛条約は廃棄すること、を提案した。

なお毛沢東は、周恩来・キッシンジャー会談の報告を受けたとき、「台湾問題は小事であり、国際情勢が大事だ。台湾問題は一〇〇年ひきのばして改めて議論してもいい。まず国際情勢という大問題を議論すべきだ」と述べたという。対米交渉を決断した早い段階から、毛沢東は、台湾の領土的帰属については先のばしにする考えをもっていたことがうかがわれる。

しかし、第二回目の周恩来・キッシンジャー会談のさい、周恩来が第一回会談のときにキッシンジャーが述べた「台湾は中国の一部である」という点をアメリカが公式に承認することを要求したとき、キッシンジャーはこれに応じようとしなかった。そして代案として、一九七〇年五月のワルシャワ大使級会談のさいに中国側が準備した、「アメリカは、海峡両岸のすべての中国人が唯一の中国、台湾は中国の一部であること認識していることを理解し、これに対して異議を唱えない」という表現を提案し、中国側はこれを受けいれたという。

また、ニクソンは訪中のさいの周恩来との会談において、台湾問題の処理について五つの原則を表明した。

すなわち、①中国は一つであり、台湾は中国の一部であり、今後は「台湾の地位は未定」ということをいわないこと、②台湾の独立運動を支持しないこと、③力のおよぶ限り、日本が台湾に入りこまないよう忠告してやめさせるし、日本が台湾独立運動を支持するのを奨励しないこと、④台湾問題の平和的解決に関するどのような方法をも支持し、台湾当局が軍事的手段で大陸へ戻ろうとする企てを支持しないこと、そして、⑤米中関係正常化を探求し、四年以内に段階的に台湾からアメリカの軍隊及び施設の撤退を決定すること、である。

しかしニクソンは同時に、アメリカ国内政治上の困難もあるので、ただちに台湾を放棄するわけにはいかず、政権第二期目中に関係正常化を実現したい、とも述べた。

ニクソン発言でとくに注目されるのは次の二点だ。

第一に、キッシンジャーと同じように彼自身も、「台湾は中国の一部」であることを承認し、「未決論」の立場をとらないことを中国側に表明したことだ。第二に、中国側だけではなく、ニクソンも「台湾独立」運動と日本の保守政治層のあいだに強いつながりがあることを認識し、その暴走に対して強い警戒感をもっていたことだ。日本の保守政治層に支持される台湾独立運動の暴走に対するアメリカの警戒感（アメリカのコントロールが及ばなくなる事態への警戒感、ともいいかえることができる）が、早くも一九七二年の段階に米中首脳のあいだで話しあわれていたのだ。

✱「未決論」を温存した上海コミュニケ

ニクソン及びキッシンジャーの「未決論」を否定する発言は結局公表されることはなく、ニクソン政権は「未決論」を公式に否定することはなかった。では、公表されたコミュニケ（上海で公表されたことから上海コミュニケといわれる）は、台湾問題とくに「未決論」をどのように扱い、どのような問題を残したのか。

コミュニケは、米中双方がそれぞれの主張・立場を書きこむという形がとられている。この形をとったのは、台湾問題に関する双方の立場がはなれすぎており、共通の文章としてまとめることができなかったためである。

台湾問題に関する米中の立場は次のように表されている。

中国「中国側は自己の立場を重ねて表明する。台湾問題は中米関係正常化を阻害する鍵となる問題である。中華人民共和国政府は中国の唯一合法の政府である。台湾は中国の一省であり、とうの昔に祖国に返還されるべきだ。台湾解放は中国の内政であり、他国には干渉する権利はない。アメリカの軍事力及び軍事施設はすべて台湾から撤退・撤去するべきだ。中国政府は、『一中一台』『一つの中国、二つの政府』『二つの中国』『台湾独立』を作りだそうとし、及び『台湾の地位は未定』を鼓吹する活動に対しては断固反対する。」

アメリカ「アメリカは、台湾海峡の両側のすべての中国人が一つの中国しかなく、台湾は中国の一部であると考えていることを認識している。アメリカ政府はこの立場に異議を提起しない。アメリカは、中国人民が自ら平和的に台湾問題を解決することに対する関心をくりかえし表明する。以上の前途を考慮して、アメリカは台湾からすべてのアメリカの軍事力及び軍事施設を撤去する最終目標を確認する。この期間中に、アメリカはこの地域の緊張の緩和にともない、台湾における軍事力及び軍事施設を段階的に減少する。」

この声明の注目点としては、次の諸点をあげることができる。

①「未決論」には決着がつけられなかったこと。

すでに述べたとおり、ニクソンもキッシンジャーも周恩来との会談のなかでは「未決論」に固執しないという考え方を明らかにした。しかしコミュニケでは「未決論」にいっさいふれなかった。これによって、国民党政府が「一つの中国」の主張・立場を放棄する場合に、アメリカがそれにつけこむ余地を残したし、その後の事態はまさに「未決論」に最終的決着をつけなかったことが、米中関係を安定化することを阻害する要因としてつきまとわせることになった。

②中国側の「一つの中国」の主張に対して、アメリカ側が「承認する」とはいわず、「認識する」(英語：acknowledge)とし、また、「賛成する」といわず「異議を提起しない」としたこと。

アメリカ側がこれらの表現に固執したのは、「未決論」への固執とあわせ、台湾問題についての行動の余地を確保しておきたいためであったことは明らかである。また中国側がこの表現を受けいれたのは、アメリカ側が交渉の当初から、当時の時点で台湾承認の立場を変更する用意はないことを明らかにしており、中国側もそれを受けいれたうえでニクソン訪中を招請したこと、それにもまして中国側としてはアメリカとの長年にわたる対決関係を清算し、アメリカとスクラムを組んでソ連という主敵に対抗することに圧倒的な利害を見いだしていたことによる。
③アメリカは台湾海峡に展開していたアメリカ海軍の撤退に応じ、台湾に駐留するアメリカ軍を次第に減らすことに応じたこと。
すでに一九五〇年代からアメリカは、台湾が大陸を攻撃することに同意しない考えを明らかにしていた。台湾海峡に出動するアメリカ艦隊及び台湾に駐留するアメリカ軍は、もっぱら中国の台湾に対する軍事攻撃の可能性に対処することを目的としていた。したがって、国交関係にはいたらないまでも米中の戦略的な和解が成立した以上、アメリカ政府にとっても、もはやアメリカ軍が台湾にとどまる軍事的意味は失われた。声明はそういうことを確認するものだった。

＊米中関係の進展に狂いを生んだニクソン退陣

上海コミュニケ成立後、一九七三年にニクソン政権が二期目にはいり、ヴェトナムとの和平協定調印にこぎつけ、中米関係をさらに改善させる条件が整った。同年二月にキッシンジャーが訪中し、中国側に対して米中関係正常化に関するニクソン政権の立場として、第一段階：最初の二年内に台湾のアメリカの軍事力を削減するとともに、相互に連絡事務所を設置すること（連絡事務所の開設は五月に実現）、第二段階：後半の二年内に日本方式（中国を承認し、台湾との関係は非公式な民間の関係にとどめるというもの）で国交正常化を実現すること、を伝えた。しかし一九七三年秋から米中関係発展の勢いにかげりが見えはじめた。原因としてはおもに、ウォーターゲート事件によってニクソンが外交的に思いきった行動がとりにくくなったこと、そのことと関連してアメリカ議会の親台ロビーに対して妥協することを強いられたこと、などの事情がある。

＊「未決論」を踏襲したフォード政権

ニクソンの後をついだフォード大統領は、米中関係の扱いをキッシンジャーに任せた。キッシンジャーは一九七四年一一月に訪中し、鄧小平副首相と会談した。この会談でキッシンジャーは、日本方式による国交正常化と同時に、台湾に連絡事務所を設立すること、一九七七年には台湾のアメリカ軍を完全に撤退するが、中国側が平和的手段で台湾解放を行う声明を出してほしいこと、を提案した。

これに対して鄧小平は、台湾問題に関するアメリカの政策が後退したと認識し、「この提案は『日本方式』ではなく、『一中一台方式』だ。国交樹立後も台湾に連絡事務所を設けるという考え方は、絶対に受けいれられない。米台相互防衛条約については廃棄されるべきである」と反論した。

一九七四年一二月にフォード自身が訪中し、鄧小平と交渉した。フォードは、台湾に連絡事務所を設立するという提案はしなかったが、日本方式による国交正常化は一九七六年の大統領選挙後まで遅らせる必要があること、それまでのあいだ、台湾のアメリカ軍は二八〇〇人から一四〇〇人までの半減にとどめること、中国が台湾問題の平和的解決を約束しなければ「古い友人（注：台湾）」を見捨てるわけにはいかないこと、などを表明した。これに対して鄧小平は、「日本方式」によるとすれば、台湾との国交の断絶、米台相互防衛条約の廃棄、アメリカ軍の台湾からの撤退という三原則を受けいれなければならないとくりかえし、アメリカが台湾と民間の貿易関係を維持することはかまわないが、台湾問題をどういう形で処理するかは中国が自分で決めることで、アメリカの指図は受けないと述べた。

このように、第二期ニクソン政権及びこれをついだフォード政権のもとでは、米中関係は前進を見なかった。米中国交正常化は、次期政権（カーター大統領）にひきつがれることになった。

3 台湾問題を先送りにした米中国交正常化

(1) 台湾問題が焦点だった米中国交正常化交渉

＊台湾問題に手を焼いたカーター政権

一九七七年一月に大統領に就任したカーターは、米中国交正常化に意欲を示した。一九七八年四月に、カーターは「一つの中国」という考え方を承認し、中国との関係を正常化することはアメリカの利益になると宣言した。この段階でカーターは、中国側が国交正常化の条件としていた三つの条件（前述）を受けいれる気持ちを固めていた。しかし中国の要求を受けいれる代わりの条件として、カーターは台湾に対する武器提供の権利を確保することを中国側が受けいれることを強く求める姿勢をうちだした。

カーターがこの要求をもちだしたのは、アメリカの協力が得られなくても、台湾が中国の武力攻撃に対して自力で防衛する軍事力をもつことを可能にするためだった。そのような要求は中国として受けいれられるはずがないことだった。したがってその後の米中交渉は、この点をめぐって土壇場までもつれこむことになった。

交渉でアメリカが中国に提案した内容は、おもに次のようなものだったという。

すなわち、①アメリカは中国が台湾に対して武力を行使しないことを宣言することを希望すること（中国が同意しない場合でも、アメリカがコミュニケで一方的にそのことについて希望を表明することに中国が反対しないこと）、②米台が国交を断絶した後、アメリカは非公式な形で台湾との経済、文化その他の関係を維持すること、③米台相互防衛条約は条約の規定にしたがって終了させること（一年の予告をもって自動的に終了すること）、④米台が国交を断絶した後も、アメリカは台湾に対する武器輸出を行うこと（ただし米中関係が正常化して緊張状態がゆるむにしたがって、台湾に対する武器輸出は減少するだろうこと）。

鄧小平は、以上のアメリカの提案について、次の内容の回答を行った。すなわちカーターの第一の提案に関しては、中国が台湾に対して武力を行使しないことについてあらかじめ約束することはありえないが、中国は早くから平和的解決を希望することを述べてきた以上、アメリカが平和解決を希望することを一方的に表明することはかまわないこと、第二の提案に関しては、アメリカが台湾と非公式な貿易、文化その他の関係を維持することに同意すること、第三の提案に関しては、米台相互防衛条約を一年の予告で自動的に終了することを受けいれるが、同条約が一年間なお効力をもっているあいだ、台湾向けの武器輸出は停止するべきこと、また第四の提案に関しては、米台断交後にアメリカが台湾に武器を輸出することには絶対反対すること。

鄧小平がアメリカの台湾向け武器輸出にきびしく反対したのは、内政干渉であり、台湾問題の平和的な解決に役立たないという判断に立ったものだった。ただし鄧小平は同時に、この問題のために米中関係が正常化しない結果になることは望まないと述べ、この問題については関係が正常化した後も交渉を続けて解決を求めることにする（国交正常化の障害にしない）、という柔軟な姿勢も示した。

このように鄧小平が、アメリカの台湾に対する武器輸出問題について柔軟な態度で応じたのは、米中関係の改善にしたがって、アメリカの台湾に対する武器輸出は減少するだろうという見通しをアメリカ側が示したことを、好意的に受けとめたためと考えられる。しかし、鄧小平自らがこの決断を行ったことが、その後の米中関係全体に大きな後遺症を残すことになる。つまり一九八〇年代の米中関係に新たな不安定要因をもちこんだだけでなく、アメリカがなしくずし的に台湾に対する武器輸出を質量ともに増やしていくことに対して、中国は有力な対抗措置をとることができないことになったからだ。

✴台湾問題に玉虫色の解決をはかった国交正常化コミュニケ

米中国交正常化コミュニケは、一九七八年一二月に発表され、一九七九年一月に米中の国交は正常化された。しかしこのコミュニケは、米中関係をしっかりした基礎のうえにすえるものではなかった。

まず「未決論」については、あいまいな玉虫色の解決でお茶を濁した。たしかにアメリカは、中国を「唯一合法の政権」と認め、「二つの中国」「台湾は中国の一部」という中国の主張を承認し、台湾と断交し、台湾のアメリカ軍は一九七九年四月一日以前にすべて台湾から撤退し、米台相互防衛条約については一年後に終了させることになった。

しかし台湾の領土的帰属については、典型的な言葉のうえでの妥協を行うという形がはかられた。たしかにコミュニケの中国文によれば、アメリカは「台湾は中国の一部」であることを「承認」したと書いている。しかし英語文では、この中国語の「承認」にあたる部分は、一九七二年の上海コミュニケと同じ文言（acknowledge）である。アメリカとしてはいくらでも逃げ道を残した、ということになる。中国側の文献のなかにも、この表現のちがいについてハッキリと中国側の譲歩の産物だと指摘するものがある。

次に、アメリカは、台湾問題の解決にあたって、中国が明確に武力解放の可能性を否定することを求めたが、中国は拒否した。中国側の言い分はハッキリしている。中国が武力行使をしないことを約束できないのは、外国（つまりアメリカ及び日本）が台湾独立を支援する動きが現実にある以上、自らの手を一方的に縛るようなことはできない、ということだ。

＊さらに事態を複雑にした「台湾関係法」

米中国交正常化で両国関係は改善に向かうかと思われたが、アメリカ議会が「台湾関係法」を成立させたことによって、米中関係はむしろ波瀾の幕開けとなった。中国は、この法律はコミュニケで廃棄することに決めた米台相互防衛条約を実質的に温存したものと受けとめ、アメリカがひきつづき中国の内政に干渉する意志をあらわにしたものと受けとめた。「台湾関係法」はどのような経緯で成立し、どのような内容をもつものなのだろうか。

一九七九年一月、カーターは議会に「台湾関係法」を提案した。この法案のもともとのねらいは、米中国交樹立コミュニケとのつりあいを考えながら、アメリカと台湾との非公式な関係について基準を設けようとしたものだった。しかし中国は、カーターが提案した法案の内容がすでにコミュニケの内容をこえており、受けいれることができないとして批判を強めた。これに対してアメリカ議会は、カーターの法案の内容では台湾を防衛するには不十分であるという立場から、この法案に対してはげしい批判を行った。

当時のアメリカの国内世論は、米中国交正常化は支持するが、米台関係についても現状を維持するべきだとするきわめて虫のいいものだった。たとえば一九七六年の大統領選挙のときに、米中関係及び米台関係のあり方について世論調査が行われた。そのさい、六〇％のアメリカ人は中国承認を支持したが、そのうちの実に九〇％に近い人々が同時に米台関係の断絶に反対している。この状況は、議会が台湾関係法を審議した一九七九年当時もほとんど変わっていなかった。

アメリカ議会が問題にしたのはおもに二点だった。一つは、米台相互防衛条約終了後の台湾の安全保障にアメリカがどのようにかかわっていくかという問題だ。いま一つは、断交後の米台関係のあり方という問題だった。この二つの問題のかげにひそんでいるのは、米台断交後も、台湾を実質的に「国家」として扱い、台湾をアメリカの影響のもとにおくためにはどうするのがもっとも得策か、というアメリカ本位の考えだった。議会は、カーターの提案に大幅な修正を加えてこの法律を成立させた。

「台湾関係法」は、国交正常化コミュニケの内容を文字どおり骨ぬきにするものだった。

まずこの法律は、アメリカが台湾問題に軍事的に干渉する根拠となる規定をもりこんだ。「台湾関係法」（第二条）は、「アメリカが中国と外交関係を樹立する決定を行ったのは、台湾の前途が平和的に決定されるという願望に基づいている」と述べている。つまり、台湾問題が平和的に解決されることが米中関係を正常化するにあたっての基本的前提条件だ、といっているに等しい。中国がアメリカの要求する形で台湾問題を処理しないのであれば、アメリカとしては米中関係そのものを見直すこともありうる、という警告がこめられているのだ。

このような内容は、中国が以前から批判してやまなかった内政干渉そのものである。台湾問題は他の国から「どうしろ、こうしろ」と指図を受けるべき筋合いの話ではない。まして、中国が台湾問題をどのように処理するかによっては米中関係そのものが怪しくなるぞ、と居丈高にいわれることなど、中国としては受けいれられるはずがない。

さらに「台湾関係法」は、「封鎖あるいは禁輸を含む非平和的手段で台湾の前途を決定しようとするいかなる試みも、西太平洋地域の平和と安全に対する脅威であり、アメリカとしては重大な関心をもつ」とし、「台湾人民の安全または社会経済制度に危機を及ぼすような武力その他の強制的な行動に訴える動きに対して、(アメリカは)対抗する能力を維持する」とまでふみこんでいる。

つまり、中国が直接の軍事力行使に限らず、封鎖や禁輸などの手段で台湾をしめあげる措置に訴える場合でも、アメリカはこれを台湾の安全保障を損なう措置と見なし、台湾を防衛するための「能力」(当然軍事的能力を含む)を使って対抗する、といっているのだ。まさに中国側がいうように、米台相互防衛条約はなくなったかもしれないが、「台湾関係法」には条約のもっとも重要な内容がもりこまれているのだ。「法律は、変装した相互防衛条約であり、同条約は巧妙に(アメリカの)国内法の中にとりこまれた……国内立法という形をとった国際的な安全保障上の取り決めである」という中国の学者の批判は本質をついている。

余談ではあるが、この手口は、新ガイドラインを受けた「周辺事態法」を彷彿させる。アメリカの利益を実現するためには、利害当事国の立場や国際関係上守るべき最低限のルールを無視してかえりみない。台湾関係法と周辺事態法は、前者がアメリカ自身の国内法であり、後者は日本の国内法であるというちがいはある。しかし、アメリカの軍事戦略上の目的を追求するためには、条約という国際約束の形をとることができないならば、国内法で肩代わりさせるという発想において、両者はまったく異なるところがない。

またこの法律は、台湾に実質的に「国家」としての扱いを与えている点でも、中国としてはとうてい見過ごすことができない内容をふくんでいる。「台湾関係法」は、「アメリカの法律で、外国、……外国政府……に言及し、または関係するものは、台湾を含むものとし、これらの法律は台湾にも適用される」と定めている。また米台間で一九七八年一二月三一日以前に署名し、有効だったすべての条約（多国間条約を含む）は、ひき続き有効である」とも定めた。またそのような考え方に基づき、「台湾関係法」は、台湾がアメリカ国内に設立する機関の人員に対しては外交特権を与えることも定めている。

以上の規定は、中国がもっとも警戒する「二つの中国」「一中一台」を、アメリカ議会がアメリカの政策とすることを公言したものだ。つまり、台湾が「独立した政治的実体」であるとみなすことで、「今後も台湾問題に介入し、干渉する法律的根拠を確保する」ことにそのねらいがある。

さらにこの法律は、中国が強く反対してきた台湾に対する武器の提供についても定めている。つまり、台湾が自衛能力を維持するために必要な「防衛的な物資及びサービス」を提供することを定めているのだ。この規定は武器輸出停止をもっとも強く要求してきた中国の意向を完全に無視するものだった。


鄧小平のこの法律に対するきびしい見方は、一九八〇年一一月に行われた「中米関係の危機を生み出す根本原因は台湾関係法である」という発言に反映されている。また中国外交部も、この法律は公然とした内政干渉の産物であると決めつけたうえで、アメリカが台湾問題に関する中米間で達成された合意を守らず、中国の内政に干渉する陰謀をねりつづけるのであれば、中米関係を傷つけるだけであり、いずれの側にもなんらのメリットもない、と抗議した。

「台湾関係法」を「いつ爆発するか分からない爆弾」と形容する中国の学者がいる。この法律に支配される台湾問題は中米関係にとって「いつ爆発するか分からない爆弾」という認識は、中国指導部に共通するものである。中国側が警戒したとおり、カーター政権をついだレーガン政権のもとで、アメリカが「台湾関係法」に基づいて台湾に対して武器輸出を強行しようとしたとき、米中関係は緊迫した場面を迎えることになる。

(2)　台湾向け武器輸出問題で米中関係をこじらせたレーガン政権

＊問題の発端はレーガンの台湾びいき

「台湾関係法」が成立したのを受けて、カーター政権は一九八〇年以後、台湾に対する武器輸出を再開した。

中国がこれにはげしい抗議を行ったことはもちろんだが、武器輸出が米中関係の前途そのものを危うくしかねない問題にまで発展したのは、カーターを破って一九八一年に大統領になったレーガン政権になってからだった。

早くから共和党の中でももっとも保守的・反共的な思想の持ち主であり、台湾に対する思いいれが深かったレーガンは、一九八〇年の大統領選挙のなかでもさかんにカーターの対中政策を弱腰と攻撃し、自分が当選したさいには台湾との関係を強化することをしばしば公言していた。

したがってレーガン政権と中国が最初から対立したのは当然のことだったし、その最初の争いが台湾向けの武器輸出問題だったことも必然のなりゆきだった。中国は、アメリカの台湾に対する武器輸出に関しては、各年における武器輸出が質量においてカーター政権時代のレベルをこえないこと、武器輸出が毎年減少し、最終的には完全に停止すること、についてアメリカの確約を要求した。

この中国の要求に対するアメリカの反応はきわめて固かった。すなわち、一定期間内に対台武器輸出を停止するという中国の要求には応じられないとし、中国の統一が実現しないかぎり台湾に武器輸出を行うとしたのだ。ただし、武器輸出は質量においてカーター政権の時期の水準をこえないことは約束する、と回答した。

交渉は難航したが、最終的には一九七八年の交渉の時と同じように、ふたたび鄧小平の決断で、表現上の工夫で収拾することに双方が合意した。この鄧小平の決断をひきだし、問題解決の転換点となったのは、一九八二年五月に訪中したブッシュ副大統領と鄧小平との会談だったという。

ブッシュは鄧小平に対し、台湾に対する武器輸出を停止する期日は約束できないが、そのことはアメリカが無期限に輸出を続けるという意味ではないと説明して、アメリカ政府の立場に理解を求めた。鄧小平はこのブッシュの発言を積極的に評価したようだ。そして、アメリカは一定の期間のうちに武器輸出を徐々に削減し、最終的には完全に停止するべきだという中国側の立場をくりかえしたうえで、「アメリカ側の約束の方式及び表現上の問題は協議することができる」と応じたのである。

＊またもや玉虫色となった対台湾武器輸出コミュニケ

以上の経緯をたどってまとめられた対台湾武器輸出コミュニケ（一九八二年八月）はまたもや、米中双方がいかようにも解釈できる玉虫色の表現で埋められることになった。米中両政府のコミュニケ内容に関する理解・認識が当初から大きくへだたっていることもただちに明らかになった。

このコミュニケのもっとも重要なくだりは次の部分だった。

「アメリカによる台湾に対する武器輸出は、性能及び数量において中米国交樹立以後最近数年間に提供したレベルを超えないであろうし、アメリカは対台湾武器輸出を徐々に減少し、一定の期間が経た後に最終的な解決に至るようにする」（第六項）。

このなかでもとくにはげしい論争の焦点となったのは、「一定の期間が経た後に最終的解決に至る（leading to the final solution）ようにする」という表現だった。

コミュニケが発表されたその日に鄧小平はアメリカ大使と会見し、「一定の期間」及び「最終的な解決」という文言にとくに言及した。「一定の期間」に関しては、鄧小平は「期限があるということであり、はるか遠い将来までひきのばすことは許されない」とし、「最終的な解決」については、「その意味は最終的に武器輸出を停止するということ以外の意味はありえず、他のどのような解釈をも行うべきではない」と釘をさした。

これに対してレーガンは、武器輸出は「台湾関係法」に基づいて行うとしたうえで、「一定期間後の最終的解決」とは台湾問題の平和的解決と結びつけて理解していることを明らかにした。また、交渉にたずさわった国務省のホルドリッジ次官補は、「武器輸出に関するアメリカの声明は、中国が台湾問題について……平和的政策によって解決をはかるという新しい情勢に基づいて行われた。これがなにゆえに新しいかといえば、中国がはじめて……台湾に対する平和的政策を述べたからである」と説明している。そして、「もし中国が政策を変更すれば、アメリカも自らの立場を改めて検討する」と述べた。また同次官補は、コミュニケには「アメリカの武器輸出を減少し、あるいは停止することに関する時間表をふくんでいない。アメリカの声明は『台湾関係法』と完全に一致している。われわれは今後も台湾の防衛上の必要を勘案して輸出を続ける」とも述べた。

このようなアメリカ側の説明は、これまで見てきた中国側の立場を理解するものであるかぎり、もっぱらアメリカに有利なように（というより国内向けに）事実関係をゆがめて伝えたものであることが分かる。中国が台湾問題の解決について、平和的方式によるというような約束を行うということはありえないことだ。また、武器輸出に「時間表をふくんでいない」という発言も、ブッシュが鄧小平に述べた発言と比較した場合、明らかにアメリカの立場は後退したというほかないだろう。ブッシュの発言を評価したからこそ、鄧小平はコミュニケの作成に応じたわけだ。鄧小平が妥協に応じる気持ちになった最大のよりどころがこれほど簡単にくつがえされたのでは、中国が怒り心頭になるのも理解できない話ではない。

コミュニケについてもう一カ所注目しておきたいのは次のくだりだ。

「アメリカ政府は、……中国の内政に干渉する意図はなく、『二つの中国』『一中一台』政策を行う気持ちもない。アメリカ政府は、……中国が台湾問題を平和的に解決すると述べたことを評価する」（第五項）。

このコミュニケは「未決論」には直接ふれていないが、第五項の以上のくだりをめぐって、米中の認識のちがいが明らかになった。すなわちホルドリッジは、議会での証言のなかで、アメリカは台湾に対する中国の主権を承認しておらず、「二つの中国」「台湾は中国の一部」という中国の立場を認識しているにすぎない、と述べた。アメリカ政府が「未決論」の立場に依然としてたっていることがこの発言において確認されているのだ。

以上から分かるように、対台湾武器輸出コミュニケも、上海コミュニケ、国交正常化コミュニケと同じく、台湾問題とくに「未決論」の問題についてなんらの解決ももたらさなかった、というほかないだろう。これ以後中国は、アメリカが台湾に対する武器輸出を行うたびに、このコミュニケに基づいて抗議を行っていくことになるが、アメリカ政府はレーガン及びホルドリッジの声明・発言で明らかにした立場をくずさなかった。

4　クリントン政権下での米中関係

(1)　対外政策の見直しを進めた米中両国

クリントン政権以後の米中関係（一九九三—二〇〇〇年）は、それまでの米中関係とはかなり様相がちがってきている。その最大の原因は、米中両国をとりまく国際環境が大きく変わった（米ソ冷戦が終わった）ことだ。米中関係の改善が米ソ対決、中ソ対決のもとではじめて可能になったことを思えば、ソ連が米中両国にとって危険な存在でなくなれば、米中関係に影響を及ぼさないはずはない。

時間的にいうと、最初にソ連の変化の可能性に注目しはじめたのは中国であり、すでに一九八〇年代前半からソ連の変化のきざしを敏感にとらえ、次第に中ソ関係改善にむけて軌道修正を行っていった。それに対してアメリカの場合、一九八九年一二月の米ソ首脳によるマルタ会談で冷戦後の新時代の到来を強調するということはあったが、対ソ冷戦政策を根本的に清算したのはベルリンの壁が崩壊したあとの一九九〇年代に入ってからだ。しかも一九九〇年から一九九一年にかけて湾岸危機・戦争に目をうばわれたアメリカが、本格的に対外戦略の見直しをはじめたのはソ連が崩壊してからであり、時期的にはクリントン政権の登場と重なるのである。

✱経済重視に特徴があるクリントン政権の対外政策

一九九三年に大統領になったクリントンの政権の国際観及びそれに基づく世界戦略については、すでに新ガイドラインとのかかわりで考えたことがある（拙著『新ガイドラインQ＆A』）ので、ここでは中国に関係のあるポイントにしぼる。米中関係及び台湾問題とのかかわりでもっとも重要な点は、クリントン政権の経済重視及び人権・デモクラシー重視の姿勢である。しかもこの二つの要素がたがいに密接に関連し、結びついたものとして考えられていたことが、とくに第一期クリントン政権の対外政策できわだった特徴となっていた（この二つの要素の結びつきが急速にうすれ、対中政策では経済重視が強まるのが第二期クリントン政権の特徴となっていく）。

クリントンは、アメリカ経済再建を最大の公約に掲げて大統領に当選した。したがってこの政権の最大の関心は経済問題であり、対外政策においても経済問題に対する関心がつねに重要な重みをもってきた。クリントン政権の対外経済政策の目標は、アメリカ経済が国際経済に圧倒的な影響力をふるうことを可能にする市場経済の原則に基づいて国際経済の一体化・秩序づくりを進めること、と要約することができるだろう。

具体的には、世界最強の経済力を背景にして、貿易・投資の自由化を妨げる障害物を強引にとりのぞく経済外交である。そのための手段としては、世界貿易機関（WTO）、北米自由貿易協定（NAFTA）、アジア太平洋経済協力会議（APEC）等の地域的協力体制の推進、さらには日米包括経済協議に代表されるような二国間協議システムなど、アメリカの通商上の利益を実現し、拡大することに役だつものであればなんでもどん欲に追求する点に最大の特徴がある。

中国とのかかわりでいえば、社会主義を堅持しながら、資本主義経済制度のもとでその有効性が実証ずみの市場経済のメカニズムを活用し、独自の経済発展の道を手探りする中国の行き方は、クリントン政権が進めようとするアメリカ中心の国際経済の一体化構想と真正面からぶつかる。それに対して、台湾経済はアメリカの考え方を受けいれる形の経済運営を進めてきた。第一期クリントン政権が台湾に対して好意をもち、中国に対してきびしい見方で接したことは、このような経済的背景をぬきにして正しく理解することはできない。しかし、中国経済がアメリカにとってもつ重要性についての認識が深まるとともに、アメリカの意志の一方的押しつけだけでは物事が進まないことが次第にハッキリしてくる。そうした認識の深まりが第二期クリントン政権の中国に対する政策見直しの大きな要素にもなるわけである。

第一期クリントン政権の対外政策でいまひとつ強調されたのは人権・デモクラシーに対するこだわりである。クリントンは自らをよくトルーマンになぞらえることがある。第二次世界大戦後のアメリカの国際的な使命を、アメリカ的価値観に基づいて国際秩序を作りあげることにおいたトルーマンの野心は、ソ連というライバルの登場と米ソ冷戦によってはばまれた。

ソ連が消滅し、ロシアがアメリカに対抗する実力を失ったいま、アメリカは世界唯一の超大国である。そういう状況のもとで大統領になったクリントンにとり、トルーマンの果たせなかった野心を自らが実現するという野望にかられるとしても、ことの是非は別として、理解できないことではない。

ふたたび中国との関係でいえば、第一期クリントン政権は、天安門事件をおこした中国にアメリカ的価値観を受けいれさせることに力をいれた対中政策を行った。具体的には、中国における人権・デモクラシーの改善と最恵国待遇（ＭＦＮ）とを関連づける政策だった。

クリントン政権誕生まもなく、ロシアのエリツィン大統領が訪米し、アメリカ的市場原理及びアメリカ的価値観を受けいれた（一九九三年四月のヴァンクーバー首脳会談）ことは、クリントン政権が対中政策を進めるうえで大きな自信材料になった。アメリカを中心とする国際共同体のなかに、ロシアに続き、世界最大の人口をかかえ、飛躍的な経済発展をとげつつある中国をひきいれてこそ、クリントンが頭にえがく新しい国際秩序を完成することができる。逆にいえば、中国がアメリカ主導の国際共同体を受けいれない限り、新国際秩序の完成は望むこともできない。

この分野でも台湾はクリントン政権にとって模範生だった。李登輝のもとで国民党の一党独裁体制を捨て、人権・デモクラシー重視を標榜する体制をうちだした台湾にクリントン政権が好感を深め、台湾との関係の改善に強い関心をもつようになったことも、自然のなりゆきだったといえるだろう。

だが人権問題でも中国は、ロシアとちがい、アメリカの意のままに動く存在ではないことが次第にハッキリしてくる。また、クリントンの人権政策もまったく一貫性がなく、とくに経済的利害との選択が迫られる場合には、ためらうことなく経済的利害を優先する傾向がハッキリとしてくる。こうして第二期クリントン政権の時期になると、アメリカの中国に対する人権政策はかなり色あせたものとなっていく。

✳一九八〇年代にいち早く行われた中国の対外政策の調整

一九八〇年代に入ってから、中国はいち早く対外政策の見直しにむかって動きだした。対外政策見直しのきっかけとしては、国際環境の変化がさらに進んだことが大きいが、国内情勢もこの見直しをおしすすめるうえで無視できない役割を果たしている。

一九七八年末に鄧小平が中国政治の実権をにぎって最初にうちだしたのが、それまでの政治重視から経済建設重視への戦略的転換だった。文化大革命に明け暮れしている一〇年間のあいだに、国際経済はめざましい成長をとげた。この歴史的な進歩にとり残されたことを自覚した鄧小平は、一九七八年末以来、改革開放路線を政策の中心にすえた。

中国が改革開放政策に乗りだしはじめたまさにその時期に、ソ連が中国に対する政策を見直すきざしを示した（最初に中国側が注目したのは、一九八二年にブレジネフが行ったタシケント演説）。そのとき以来中国は、対ソ対決一辺倒の政策を修正し、自主独立の外交（アメリカにもソ連にもふりまわされない外交）の方針をうちだすことになった。つまり、国際環境の変化のなかで中国外交が選択したのは、どんな大国・大国グループとも同盟関係・戦略関係をもたないという方針だった。

米中関係の変化としてよく指摘されるのは、一九八九年の天安門事件によって、アメリカをはじめとする西側諸国の中国に対する評価がきびしさを増したということだ。しかし以上に述べたように、戦略的な米中関係について見直しをはじめたのはむしろ中国が先である。中国は一九八二年以後、経済建設を中心的な戦略課題としてすえ、外交はこの戦略を実現するための環境づくりに奉仕するものという、きわめて明快な位置づけをしている。そういう意味で、中国の対米政策は、一九八〇年代以来基本的にゆらいだことはない。米中関係がゆらぐことがあるとすれば、それはアメリカの中国に対する政策の変化によるものなのだ。

アメリカのソ連に対する警戒感は、ゴルバチョフ政権の登場以後次第にゆるんでいったことはたしかだ。それとともに、ソ連と対決するうえでの中国の戦略的な重要性も次第に低くなっていった。天安門事件がおこったとき、アメリカその他の西側諸国は、中国に対して強硬な政策をうちだすことに大きな痛みを感じなかった。第一期クリントン政権の高圧的な対中政策は、以上に述べた大枠のなかに位置づけて考えると理解しやすい。ちなみに、第二期クリントン政権でふたたび中国に対する政策が調整されることになるが、それは、中国自体の戦略的・経済的重要性に対するアメリカの評価がふたたび高まることに対応したものである。

(2) 第一期クリントン政権期の米中関係

＊人権問題とリンクさせられた最恵国待遇問題

経済を重視するクリントン政権だから、急成長をとげる米中経済関係に関心を払わなかったことはない。クリントンが大統領就任直後に行った対外貿易政策の演説のなかでは、中国経済の躍進に驚きをもらし、米中経済関係をひきつづき発展させたいと述べている。しかし同時に、中国が人権の分野で改善のための措置をとることを期待すると発言することを忘れなかった。

対中経済関係を人権の改善と結びつける政策は、政権発足と同時に開始された。一九九三年五月にクリントンは、中国に対して最恵国待遇（ＭＦＮ）を与える問題について声明をだし、一九九〇年以来議会と行政府とのあいだで毎年争われてきたこの問題について、今後は議会と協調する政策をとるとハッキリ述べた。

米中両国は、一九七九年七月に貿易協定を締結し、互いにＭＦＮを与えることを約束した。ＭＦＮとは、ある国（たとえばアメリカ）が他の国（たとえば中国）の人または物に与える扱い（待遇）は、第三国（たとえば日本）の人または物に与える扱いより不利であってはならない、ということを意味する。しかし天安門事件以後、アメリカ議会は、一九七四年にできた貿易法の規定（計画経済体制をとる国家の移民状況・政策をチェックしたうえで、ＭＦＮを与えるかどうかを決定することを定める）を根拠に、中国に対してＭＦＮを与えるかどうかについては毎年審査のうえで決定すると決めた。

✷米中関係改善に向けた動き

ただし、第二期クリントン政権のもとで進んだ米中関係の改善を考えるうえでは、第一期クリントン政権の時期に一定の素地が敷かれたことを忘れるわけにはいかない。それは、一九九三年から一九九六年までに四回にわたってクリントンと江沢民の首脳会談が行われたことである。すなわち、一九九三年一一月にはシアトル、一九九四年一一月にはジャカルタ、一九九五年一〇月にはニューヨーク、そして一九九六年一一月にはマニラでというように、毎年ほぼ同じ時期に首脳会談が行われた（一九九五年は国連総会の機会、他の三回はＡＰＥＣ非公式首脳会議の機会）。

シアトルにおけるＡＰＥＣ首脳会議を提唱し、開催したクリントン政権は、その機会に中国との関係改善の可能性を探ろうとした。クリントンは、一九九三年一一月には江沢民にじきじきの手紙を送り、このなかでアメリカ政府は「一つの中国」を堅持するという立場を述べ、首脳会談にむけた雰囲気づくりに努めた、とされる。

ただし、この舞台裏の接触がすべて順調に進んだというわけではない。とくに一九九五年には、台湾の李登輝の非公式な訪米（後述）をクリントン政権が認めたために、中米関係はいちじるしく損なわれた。中国側のきびしい反応にあらためて台湾問題のむずかしさを思い知らされたクリントン政権は、米中関係改善の手がかりをつなぎとめるため、政府の高官を動員して同年六月から一〇月はじめまでの約三カ月の間に五〇回以上も対中政策に関する演説を行い、様々な角度から米中関係の重要性を述べる努力を行った。

中国側もこのようなアメリカの誠意を評価したために、一九九五年一〇月には第三回目の首脳会談が行われた。この会談では、江沢民が「中米関係に影響を与えるもっとも重要で微妙な問題は台湾問題であり、中米関係の基礎をなす三つのコミュニケの核心も台湾問題だ」と述べた。これに対してクリントンは、三つのコミュニケにおけるコミットメントを再確認し、一つの中国、中国政府が唯一合法政府であることを承認し、「二つの中国」「一中一台」、台湾独立に反対することを強調し、台湾が国連に加入するという主張に反対する、と述べたという。一九九八年にクリントンが訪中した時に中国側に約束したとして大きくとりあげられた「三つのしない」政策（後述）を、クリントンはじつはすでに一九九五年の時点で表明していたのだ。

✴米中関係に危機をもたらした台湾政策

第一期クリントン政権は、中国に対しては原則としてはきびしい政策を行ったのに対し、台湾との関係については従来の政権よりも弾力的な政策を行う可能性を模索した。結果的には、このような動きがアメリカ議会の台湾に好意的な勢力（台湾ロビー）を勇気づけ、李登輝の訪米を認めるべきだとする主張を強めた。こうして第一期クリントン政権の時代に、米中関係は新たな危機を迎えることになった。

クリントン政権が誕生して一年半後の一九九四年九月、アメリカ政府はアメリカと台湾との非公式な関係を調整すると発表した。

まず、アメリカ政府関係者が台湾当局との比較的ハイレベルの接触を行うことを認めた。具体的には、閣僚レベルの経済対話を行い、米台政府関係者がホワイトハウス及び国務省以外の機関で接触することを容認した。その結果、米台間の高官接触が頻繁に行われるようになった。

次に、どうしてもやむをえず通過する場合以外には台湾のハイレベルの指導者（総統、副総統及び行政院長・副行政院長）のアメリカ立ち寄りを認めず、外交部長、国防部長のワシントン訪問を認めない。しかし逆にいうと、この基準以外のケースについては弾力的に対応する余地を生みだしたことを意味した。これを受けて議会では李登輝の訪米を認めるべきだとする主張が強まり、当初はこれを認めないとしていたアメリカ政府も最後の土壇場になって態度を急変し、その入国を認める決定を行うにいたった（一九九五年）。政策の「調整」が深刻な事態をもたらすきっかけになったのだ。

またアメリカは、台湾が関税貿易一般協定（GATT）に加入すること及び一定の国際機関でその意向が反映されることを支持することにした。ただし、国家の地位を持つもののみが参加を認められる国際機関への加盟は支持しない、という線は辛うじて維持された。

以上の調整のいずれもが、上海コミュニケ、米中国交正常化コミュニケ以来アメリカが守ってきた原則を大きく修正したものだ。しかし、クリントン政権が行ったこの重大な台湾政策の変更に対して強い関心を払うものは少なかった。そのため、アメリカの行動に対する中国の警戒感の高まり、アメリカのこの好意的政策に力を得た台湾が独立をめざす動きを強めたことを牽制するために中国がとった軍事行動（後述）も、もっぱら中国の「好戦性」「台湾の民主化弾圧を目的とした行動」と受けとめる雰囲気がアメリカや日本を支配することになってしまった。

アメリカの政策調整を受けて、米台関係は大きな展開を示した。とくにめだったのが台湾に対する武器輸出が質量両面で大幅な伸びを示すようになったことである。武器輸出に関するコミュニケでレーガン政権が約束した限度（カーター政権の時期をこえない）をはるかにうわまわる輸出が行われるようになった。武器輸出コミュニケはいまや有名無実に近い状況に追いこまれている。

ただし中長期的に見た場合、米中関係が悪化の方向に向かうことが決まってしまったと見ることはできない。台湾の独立への動きが強まることを背景にして、一九九五年秋から一九九六年三月にかけて台湾周辺で米中軍事衝突の危機がおこり、米中関係はきびしい軍事的緊張に見舞われた。アメリカは、航空母艦インディペンデンス、ニミッツを中心とするヴェトナム戦争以来最大規模の軍事力を台湾周辺に派遣して中国を牽制する一方、一九九六年三月にはクリントンが、アメリカ政府は台湾の独立を支持しないという立場を台湾側に伝えた。このアメリカの動きを中国側も積極的にうけとめ、関係改善への歩みが再開され、一九九六年一一月のマニラでの首脳会談で、一九九七年と一九九八年に中米両国の元首が相互訪問することが約束された。

(3) 第二期クリントン政権期の米中関係

第二期クリントン政権にはいって、一九九七年に行われた江沢民主席の訪米、翌年に行われたクリントン大統領の訪中は、両国関係を「新しい形の戦略的パートナーシップ」と位置づけることになり、米中関係の改善ぶりを国際的に印象づけることになった。しかし両国関係におけるもっとも敏感な問題である台湾問題についてみれば、「奥歯に物がはさまった」状態が根本的に解消された状況からはほど遠い。たしかに両国首脳の相互訪問は、他の分野(国際問題における協調、米中間の各種分野での交流増進)ではかなりの成果を生みだした。このような成果のつみかさねが米中関係ひいては台湾問題の解決をみちびく環境づくりの役割をはたす可能性も見ておく必要がある。その点を断ったうえで、第二期クリントン政権のもとでの米中関係を整理しておこう。

✶江沢民の訪米とクリントンの訪中

第二期クリントン政権が対中政策を見直すことを余儀なくされた最大の原因は、一九九〇年代を通じた中国経済のめざましい成長である。中国経済は天安門事件の後遺症もあって、いったんかげりを示したが、一九九二年以後はふたたび高度成長の軌道にのった。また国際的にもアメリカとして中国を無視できない事情が重なった。一九八九年以後本格化したカンボジア和平をめざす国際的な動き、一九九〇年に起こった湾岸危機・戦争、さらには大量殺傷兵器を国際的に規制する動き、国際的な麻薬の取り締まりにおいて中国が占める重要性など、アメリカが重視する対外政策を進めるうえで、国連の安保理常任理事国でもある中国の重要性は、アメリカとしても無視するわけにはいかなかった。

中国としても、アメリカ国内で中国に対する認識が変化に向かったことは歓迎すべきものだった。もともと中国としては、好んでアメリカとことを構える気持ちはない。まして高度成長を持続するうえで対米経済関係を発展させることは重要な課題である。

では、江沢民訪米とクリントン訪中はどのような成果を生み、どのような問題を残したのだろうか。

まずもっとも重要な成果としては、米ソ冷戦後の国際関係における米中関係の戦略的重要性が確認されたということがあげられる。

クリントンは、中国が国連安保理の常任理事国として担っており、これからも担うであろう役割を無視できないことを認識し、米中関係を戦略的視点から認識することの重要性を訴え、「江沢民とのあいだでは、対立ではなく、協力を進めるための未来に関するビジョン及び戦略的関係のあり方を話しあう」ことを明らかにした。江沢民も、「アメリカ側指導者とのあいだで、中米関係を発展させる大きな構想を協議すること」を重視しているとし、「中米関係はさらに改善し発展するチャンスを迎えている」と強調した。

米中共同声明はこの点に関し、次のように述べている。

「両国首脳は、…建設的な戦略的パートナーシップを樹立するべく協力して努力することを決定した。この目標を実現するべく、双方は、三つのコミュニケ（上海コミュニケ、米中国交正常化コミュニケ、対台湾武器輸出コミュニケ）の原則の基礎のうえに両国関係を処理することに同意した」

そして両国が「国際関係の中で協力する枠組み」としては、相互の首都での定期的会合、ホット・ライン開設、国務長官・国防長官・国家安全保障担当補佐官と中国側の対応する者による定期的相互訪問、政治・軍事・安全保障及び軍備管理に関する次官級の定期的会合が約束された。米中双方が以上のような合意を実現したことは、偶発的に起こりうる米中軍事衝突を回避するうえで、非常に重要な意義がある。

台湾問題についても隠れた前進があった。公式の文書・発言によるかぎり、双方が従来の主張をくりかえすにとどまり、大きな進展がなかった印象を与えた。しかし中国側の報道では、アメリカ国内では明らかにされなかった事実関係がさりげなく紹介されている。

すなわち江沢民はクリントンに対し、「台湾問題は中米関係においてもっとも敏感でもっとも重要な、いわば核心をなす問題である。厳格に三つのコミュニケを守り、台湾問題を妥当に処理することが中米関係を長期にわたり、健康的かつ安定的に発展させるうえでの基礎である」と指摘した。これに対してクリントンは、「アメリカ政府は、今後とも『一つの中国』の立場を堅持し、三つのコミュニケの原則を厳守し、台湾の独立を支持せず、台湾が国連に加入することを支持せず、『二つの中国』『一つの中国・一つの台湾』を作りだそうとする主張を支持しない」（いわゆる「三つの『しない』」政策）と述べたとしているのだ。つまりクリントンは、江沢民訪米の段階で、一九九五年の時に述べた「三つの『しない』」原則を公式に確認していたのである。

クリントンが「三つの『しない』」政策を中国側に伝えたことが共同声明などで伏せられたのは、米国国内の反中・親台感情を配慮しなければならないクリントンの立場に、江沢民が理解を示した結果であろう。しかし『人民日報』がこの事実関係を報じたことは、中国国内の江沢民に対する評価を高めることに役だっただけではなく、いまや中国の報道が台湾につつぬけである状況をふまえれば、独立をめざす台湾内部の動きに対する牽制球としての意味をもったことはまちがいない。

＊残された「未決論」と「中国脅威論」

米中首脳の相互訪問を受けた両国関係については、なお手放しで楽観することはできない。まず台湾問題では、アメリカの「未決論」の立場が根本的に改められたとは見ることができない。これまで述べてきたことから確認できるように、米中関係を損なう可能性があるもっとも深刻な問題は台湾問題である。クリントン訪中のさいに、クリントンが台湾に関して「三つの『しない』」政策を堅持するという立場を再確認したことが紹介されたことに対し、アメリカ議会は猛然と反発し、上院は「議会は、台湾関係法に基づき、台湾と民衆に対する関与を再確認する」とする決議を全会一致で可決した。この事実関係が示すとおり、アメリカ国内には、とくに議会・マスメディアを中心にして、台湾を中国とは別個の独立した実体、つまり「国家」として認めるべきだとする主張が強い。彼らの主張の根拠となっているのは改めていうまでもなく、トルーマン以来の「未決論」である。

米中関係を規律する基本文書である三つの共同コミュニケ及び江沢民訪米のときにまとまった米中共同声明においても、この問題は基本的に未解決のままに残されている。アメリカ国内にいわゆる親台ロビーが存在しつづけるかぎり、米中両政府がどんなに関係改善に努力しても、台湾を中国から切りはなそうとする主張は常に機会をうかがいつづけるだろう。そのさい、台湾の領土的帰属に関する「未決論」は有力な論拠として利用される可能性が大きい。

台湾問題の根っこにあるのは、アメリカ国内に根深い「中国脅威論」の存在である。コーエン国防長官は一九九八年四月に、「中国は将来の時点で米国に挑戦しようとするだろう。われわれはそういう前提にたって中国とつきあわなければならないと考える」と述べた。この発言に明らかにされたように、二一世紀に向けて米国に匹敵する経済規模をもつことが予想される中国をライバルとみなし、さらには潜在的「脅威」として身構える向きはアメリカ国内には少なくない。とくに中国がアメリカ的な市場経済原理を拒否し、社会主義市場経済制度を堅持する立場を崩そうとしないことが、中国「脅威」論に拍車をかける。台湾の領土的帰属に関する「未決論」は、「中国脅威論」を唱えるアメリカ国内の議論において、彼らの主張・立場を支える理論的なよりどころとしての地位をこれからも占めつづける可能性が大きい。

5　二一世紀の米中関係

第二次世界大戦後の五五年にわたる米中関係は、じつに複雑な経緯を経て今日にいたっていることが理解されたことと思う。二一世紀の米中関係が健全な発展を遂げるための盤石の基盤が築きあげられた、というにはほど遠い状況がある。しかし米中関係が安定したものにならない限り、二一世紀の国際社会の平和と繁栄を望むことはできない。この章のまとめとして、二一世紀の米中関係のあり方に大きな影響を及ぼすであろう三つの要因について考えておきたい。ただし、二一世紀の米中関係のあり方に最大の影響を及ぼす台湾問題、とくに「未決論」についてはは終章で扱うこととする。それは、「未決論」は米中関係のみならず日中関係をも左右する要因であるからであり、この本のキーワードは「未決論」とも言えるからである。

(1) 米中両国の政治の安定性と米中関係

ある国家の政治の安定性というとき、その国の政治体制によって判断する傾向が一般的だ。だから、デモクラシー国家であるアメリカは基本的に安定しており、共産党による一党支配の中国は基本的に不安定である、と考える向きが多い。

しかし私は、アメリカ的なデモクラシーが健全に機能しているとは必ずしも思わない。唯一の超大国を自認するアメリカの経済は一見空前の好況にあるように見える。だがくわしく見れば、アメリカが抱える経済社会状況は決して楽観を許すものではない。そのアメリカはどん欲なまでに自国本位な傾向をますます強めている。しかも今日のアメリカに決定的に不足しているのは、二一世紀の国際社会のあり方及びアメリカのかかわり方に関する建設的なビジョンである。クリントン政権が打ちだした「国際共同体」に基づく国際秩序という構想は、あまりにアメリカ本位なその本質が国際的に明らかになり、クリントン政権とともに消えゆく運命にあるのはまちがいない。したがって私は、二一世紀の国際関係において、アメリカを無条件に政治的安定要因と見なすことには大きなためらいを感じる。

私は、中国が共産党の一党独裁だから政治は不安定を免れない、という見解にも素直には組みしない。もちろん中国政治は決して手放しで楽観できる状況にはない。二〇年あまりにわたって順調な経済発展を実現してきた改革開放政策は、今や難問山積の胸突き八丁の段階にさしかかっている（第Ⅰ章4節（3）参照）。山積する難問のどの一つが爆発しても、中国の政治的安定は重大な試練に見舞われることが避けられないだろう。しかし私は、中国とアメリカの政治の安定性を考える場合、両者を分ける重要な要素が存在していることを認めるのだ。それは中国の場合、中国の進むべき進路及びそのための戦略について、広範な国民的合意が存在しているということだ。つまり、改革開放政策のより徹底した実施、中国の国情に見合った経済建設を実施することなくして、一二億以上の人口を抱える中国の出路はないという認識は、広く国民的に共有されている。そして改革開放政策が成功するための最大条件の一つは平和な国際環境だ。中国は、自国の発展のためにも平和な国際環境を確保するために全力を尽くすことを重要な国策としているし、広範な中国の人々がそれを支持している。

じつは中国で改革開放政策が本格化してから今日にいたる米中関係自体のなかにも、以上に述べた米中両国の政治状況によって大きな影響を受けてきた様子を見て取ることができる。中国は一貫して良好な米中関係を発展することを望み、自ら米中関係に不安定要因を作りだすことのないよう細心の努力を払ってきた。これに対してアメリカは、その時々における政権の政策的重点のちがい、さらには国内政治情勢の影響を受けて、一貫性のない対中政策を営んできた。

望ましいことではないが、二一世紀の米中関係も基本的にはこれまでの基本的構図から大きくずれる形で営まれることはないだろう。アメリカの政治社会情勢が動揺し、あるいは中国が抱える難問が爆発するような事態になれば、米中関係がさらに深刻な試練にさらされる可能性もある。私たちが留意しておかなければならないことは、米中両国の国内政治と米中関係のあいだには密接な関係があるということなのだ。

(2) 米中経済関係

以上に述べたことからも容易に分かるように、二一世紀の米中関係のあり方に大きな影響力をもつ一つの大きな要素は米中経済関係である。しかし米中経済関係が自然成長的に順調な発展を遂げる保証はまったくない。

世界の資本主義の盟主を自認するアメリカは、中国経済を国際資本主義経済体制の中に巻きこむことに最大のメリットを見いだし、その実現を政策目標としている。要するに、戦後アメリカが中心になって構築してきた国際経済秩序を今後も維持し、その中に中国を導き入れるというのがアメリカの基本政策なのだ。

一方、発展途上の社会主義国として独自の経済建設の道（社会主義市場経済）を模索する中国は、自国にとってもっとも利益となる国際経済関係のあり方を見いだそうとしている。米中経済関係に対するアプローチも、この基本的な考え方の中に位置づけられている。また中国は一貫して、戦後の国際経済秩序はもっぱら先進国に有利なものであると批判し、途上国の経済発展を可能にし、南北格差を根本的に克服することに資する新国際経済秩序の形成を主張してきた。このように、国際経済関係及び米中経済関係のあり方に対する両国の考え方はまったく異なるのである。

このような両国の考え方が真っ向からぶつかってきたのが中国の世界貿易機関（ＷＴＯ）への加入問題であり、アメリカによる中国に対する最恵国待遇（ＭＦＮ）供与問題だ。この二つの問題は、一見したところ別々の問題のように見える。しかし実質的には不可分の関係にある。若干技術的な問題も含むのだが、簡単に説明しておきたい。

アメリカは一九八〇年以来中国に対してＭＦＮを与えてきた。しかしこの措置はアメリカの国内法に基づくもので、社会主義国である中国に対しては、毎年の米中関係の実績や中国の国内政治の動きを判断したうえで一年ごとに更新するという措置がとられてきた。ＭＦＮ供与の問題と中国の人権・デモクラシーの問題がリンクされて論じられてきたのは、そのためである。

他方でクリントン政権は、アメリカ主導によって国際経済ルールをさらに徹底して自由化（自由化が進めば進むほど、世界最強のアメリカ経済にとって有利な国際経済環境ができるという読みが背景にある）するために、これまで国際経済関係で一定の役割を担ってきたＧＡＴＴ（前述）に代えて、より広範な対象を扱うＷＴＯをつくることに積極的にとり組んできた（ＷＴＯは一九九五年に発足）。ＷＴＯに加盟すれば、加盟までの交渉において各国ごとに認められることがある特殊なルールをのぞき、加盟国に一律なルールが適用されることになる。

中国は、国際経済関係を強化することを通じて改革開放政策を一層促進するために、ＷＴＯ加盟を重要な政策課題と位置づけてとり組んできた。またアメリカも中国がＷＴＯに加盟することを重視してきた。ここで少なくとも二つの大きな問題が中国のＷＴＯ加盟の前に立ちはだかることになる。

一つはいうまでもなく、アメリカが国内法に基づいて、中国に対してこれまでＭＦＮ供与を一年ごとに更新する形をとってきたことは、中国のＷＴＯ加盟に対して障害になるという問題だ。ＷＴＯに加盟した国には、ＷＴＯ上のＭＦＮが原則的には無条件で与えられることになる。ということは、中国がＷＴＯに加盟することをアメリカが認める場合、国内法に基づく従来の措置をやめなければならないことを意味するのだ。結局この問題については、アメリカが中国に対するＭＦＮ供与を恒久化する国内法を成立（二〇〇〇年九月）させたことによって解決することになった。

もう一つはより根本的な問題である。つまり国際経済ルールの徹底した自由化（先進国に有利な国際経済秩序の促進）をめざすアメリカと、南北格差の是正に資する国際経済ルールの推進（国際経済関係の民主化・新国際経済秩序の確立）をめざす中国との考え方のあいだには、理念・目標において根本的な対立が横たわっているのだ。ＷＴＯ自体には、途上国が加盟することを促すために、途上国に対する一定の優遇措置が定められている。したがってこの問題は具体的には、中国が先進国なみの条件を受けいれる形でＷＴＯに加盟することを求めるアメリカと、途上国の資格でＷＴＯに加盟することを求める中国という形で、はげしく争われてきた。

中国のＷＴＯ加盟に関する米中交渉は一九九九年一一月に妥結はしている（ちなみに欧州連合［ＥＵ］との交渉は二〇〇〇年五月に妥結）。しかし米中間の対立が一朝一夕に解決するとはとうてい考えにくい。むしろＷＴＯにおいても、また、米中二国間の交渉においても、二一世紀の国際経済関係のあり方をめぐる両国の対立は、先進諸国及び途上諸国をも巻きこんで続いていくことになると考えられる。

(3) 米中軍事関係

二一世紀における米中軍事関係は、もっぱらアメリカの対中認識によって左右されることになるだろう。「中国脅威論」がなかば公然と流されている日本のなかでこのように断定すると、意外に感じる向きも少なくないと思う。しかし少し冷静に考えてみれば、以上の結論がきわめて平凡なものであることが理解されるはずである。

まず米中の軍事力を比較することだ。核戦力及び通常戦力のいずれにおいても、アメリカは中国に対して圧倒的優位にあり、二一世紀に入ってもアメリカの優位性がさらに確固となることは予想されても、その逆はありえないということは、米中両国を含めた国際的な軍事常識だ。中国がアメリカに対して軍事的に挑発を試みる条件は皆無である。

ただしそのことは、中国がアメリカに対して軍事的にまったく無力でなすすべを持たない、ということを意味するものではないことはしっかり確認しておきたい。中国から軍事的挑発を試みる条件はないとしても、アメリカが中国に対して軍事的挑発・攻撃を行おうとする場合、中国はその挑発・攻撃に対して対処する手段はもっている。アメリカ本土に到達する核兵器を搭載した大陸間弾道弾（ＩＣＢＭ）や、アメリカが誇るコンピューターを駆使した電子戦争の弱点を狙った兵器体系の今後の開発可能性など、アメリカ自身も中国の軍事的対抗能力を軽視しているわけではない。

次に中国が二一世紀における戦略的課題と位置づけているのは経済建設だということだ（前述）。中国が順調な経済成長を続けることができると仮定し、経済先進国の仲間入りができるとしても、それは二一世紀を通じて全力を経済建設に振り向けることによってはじめて展望がでてくる、というきわめて難度が高いものである。しかし中国は、その目標に向かって邁進したいと考えている。中国にとって、できるかぎり長期にわたって平和で安定した国際環境を維持することは至上課題である。アメリカとの経済関係をできるかぎり良好な形で維持することは、順調な経済発展を実現するうえで一つの重要なカギである。中国がアメリカ（及び国際社会）に対して軍事的な冒険政策にでることは、まさに自殺行為以外のなにものでもない。

アメリカがこうした中国のおかれた状況に対して認識がない、ということではない。しかしきわめて厄介な要素は、常になんらかの脅威の存在を想定してこれに備えようとするアメリカの軍事戦略である。米ソ冷戦が終結し、ソ連の後継国家であるロシアがアメリカに対する脅威とは見なされなくなった後も、クリントン政権は「ならず者国家」「地域的不安定要因」を脅威と見なし、核戦力及び通常戦力の構築に力を注いできた。とくに「ならず者国家」と名指ししたイラン、イラク、北朝鮮などに対するアメリカの政策は、とくに第一期クリントン政権においてはきびしさをきわめた。しかし第二期クリントン政権になってから、従来「ならず者国家」と断定していた国々との関係が改善に向かう（これまでのところ、イラクのみが例外）にしたがい、アメリカの脅威認識には微妙な力点の移動が見られるようになっている。

とくに二〇〇〇年六月にアメリカ国防省が発表した「ジョイント・ビジョン二〇二〇」という報告においては、アメリカがこれから脅威と見なすものを「非対称的脅威」とすることを明らかにした。「非対称的脅威」とは、アメリカの圧倒的軍事力にひそむ弱点を狙った軍事力を構築する能力をもつ国家を指す。この報告は名指しはしていないが、中国（及び将来ふたたびアメリカに対して敵対的になるかもしれないロシア、さらにはアメリカの言うがままにならなくなる可能性のある日本）が念頭におかれていることはまちがいないことだ。興味深いのは、「非対称的脅威」の登場に伴い、今後は「ならず者国家」という言葉は使用せず、「関心ある国家」と呼ぶことにするということが明らかにされたことだ。

アメリカとしては、台湾問題が存在しつづける限り、中国との戦争の可能性を常に念頭においた軍事戦略を考えるのだ。このことは、アメリカが何がなんでも中国に対して戦争をしかける機会をうかがっているということを意味するものではない。アメリカにしても、中国に対して戦争をしかければ、中国の報復力によって甚大な被害を受けることは避けられないと考えてはいる。

しかしアメリカの「力による国際支配」という発想は、「いざという場合」の備えをとことん追求しなければ気がすまないのだ。その発想が、新ガイドライン安保という形で、日本を米中軍事対決に巻きこむ戦争体制づくりにつながるのだ（前述）。アメリカが「力による国際支配」という発想を根本的に清算しない限り、二一世紀の米中軍事関係が安定する展望は生まれてこないのである。

終章　日米中関係のカギ――「未決論」の克服

日中関係及び日米関係についてさまざまな角度から分析を試みてきた。そのうえでの結論として強調したいことは、二一世紀における日米中関係を真に安定した友好の基礎の上に築きあげる最大の前提条件は、「台湾の領土的帰属は決定されていない」とする「未決論」をキッパリと清算することにある、ということである。

日中間及び米中間にはそのほかにも重要な問題が存在していることは、この本でも扱ったところである。日中間では日本の中国に対する戦争責任にかかわる問題がある。米中間では経済・軍事的対立の要素を無視することはできない。

だが、日米軍事同盟が「未決論」に基づいて台湾を中国から分離させる状況を固定化することを最大の狙いの一つにしていることは、なんら秘密ではない。一九六〇年の日米安保条約のいわゆる「極東条項」が台湾を含むことは日本政府が公然と認めてきたこと（前述）である。新ガイドライン安保の「周辺事態」に台湾が含まれることも公知の事実だ。台湾における「中国からの分離独立」をめざす動きが、こうした日米軍事同盟を維持強化しようとする米日両国の政策に最大のよりどころを求めていることも、これまた少しも秘密ではないのである。

しかし国際的に見れば、今日「未決論」に固執しているのは、世界の主要国の中ではアメリカと日本以外にない。国連安保理常任理事国では、当事国の中国は当然として、イギリス、フランス、ロシアのいずれもが「未決論」からは一線を画している。

念のためにもう一度断っておくが、私の基本的立場は、台湾問題は台湾海峡両岸の当事者自身の交渉によって解決されるべきであって、アメリカや日本などの第三者が口出しをし、干渉することは絶対に慎むべきだ、というに尽きる。アメリカと日本が干渉しないことを明確に約束すれば、台湾が暴走する危険性は消える。そうすれば、中国が軍事手段を使うことを考えなければならなくなる可能性も消える。これまでアメリカは、まず中国が武力行使をしないことを誓うべきだと主張してきた。しかし、自らの軍事干渉の可能性については口をつぐんで、もっぱら中国の譲歩を求めるのは、中国が正当に指摘しているように、もっぱら台湾における「独立」に向けた動きに勢いを与えるだけだ。中国としてとうてい受けいれられるものではない。

「未決論」を克服しない限り、二一世紀の日中、米中、日米中の関係が真に平和で友好的に発展することを期待することはできない。逆にいえば、日中、米中、日米中の長期にわたる平和で安定した友好関係の基礎づくりにおいて、「未決論」を克服することは不可欠の課題だということだ。その点をハッキリさせるため、以下では「未決論」を正当化しようとする試みを検証し、成り立たないことを明らかにして、この本のまとめに代えたい。

1．カイロ宣言もポツダム宣言も法律的拘束力がない一般的な政策的声明にすぎず、したがって日本を法的に拘束するものではないとする主張

この主張は、「日本が台湾に対する権利を放棄したからといって、台湾が自動的に中国領に戻るわけではなく、その領土がどの国に属するかについては新しい国際的約束が必要だ」という主張に根拠をもたせるために行われることが多い。たとえば、「未決論」に転換した後のアチソン国務長官は、カイロ宣言などにどう対処するかについてイギリス政府と話しあった際、「台湾は中国の一部」だとする主張は「法律家の問題」であり、まったく「討議するにも値しない」と一蹴した。またトルーマン大統領も、イギリスのアトリー首相と話したとき、カイロ宣言に署名したときには中国がアメリカに敵対するようになるとは思いもよらなかったと本音をもらしながら、続けて「領土保全の尊重という主張は時と場合によって違ってくる」と述べた。

このような主張が説得力を持たないことは、何よりもまず一九五〇年一月のトルーマン及びアチソンの声明（前述）から明らかだ。しかも両者のいずれもその後、台湾問題に関する一八〇度の態度変更について、説得力ある釈明を行っておらず、要するに「政治的考慮は法律に優先する」という居直りの議論でしかない。

あるいは以上の態度変更の発言は、国際法上の「事情変更」原則に当たると強弁する向きもあるかも知れない。しかし「条約法に関するウィーン条約」では、「事情の根本的変化」がある場合には、「当該事情の存在が条約に拘束されることについての当事国の不可欠の基礎を構成していること」及び「当該変化が、条約に基づき引き続き履行しなければならない義務の範囲を根本的に変更する効果を有するものであること」という限定的な場合以外には、「当該変化を条約の終了又は条約からの脱退の根拠または条約の運用停止の根拠として援用することはできない」と規定している（第六二条一項）。しかも同条約は続けて、「条約が境界を画定している場合」、「事情の根本的な変化が、これを援用する当事国による条約に基づく義務についての違反または他の当事国に対し負っている他の国際法的な義務についての違反の結果生じたものである場合」には、条約の終了・脱退の根拠・運用停止の根拠として援用できないとも定めている（同条第二項及び第三項）。

たしかにウィーン条約が発効したのは一九八〇年であり、一九五〇年当時のアメリカには適用がないという反論があるかもしれない。しかし、ウィーン条約の本質は、それまでの国際慣習法を法典化したことにあることは広く認められているところだ。したがって、この条約の該当規定にかんがみても、アメリカ政府の態度変更を「事情変更」原則で正当化することは許されるものではない。

2．日本が降伏した結果、台湾は「無主」の土地となったとする主張

日本の降伏と「台湾がどの国の領土でもなくなった」という主張（「台湾無主」論）を直接結びつける主張は、さすがにないようだ。しかし、一九五〇年六月二七日以後のアメリカ政府の言動は、実際上「無主」論を前提にしたものとしか説明のしようがない。なぜならば、台湾海峡にアメリカ艦隊を送り込む行動は、「無主」論を前提にしなければ、公然たる「内政干渉」として許されるはずがないことは、アメリカといえども認めるしかなかったはずだからだ。だからこそ、対日講和条約や日華平和条約で台湾への軍事干渉を正当化するための規定をもりこむといった念のいった操作が行われたのだろう。

しかし、本来「日本の降伏」という行為それ自体は、台湾その他の日本がそれまで領有していた土地に対する権利、権源に影響を及ぼすものではない。その点については、たとえば一九四九年の国務省のメモランダム（前述）にも明らかだ。またマッカーサーも、アメリカ上院軍事委員会での証言（前述）において、「法律的には、台湾はいまだに敗北した日本の一部である。……同盟国が日本全土をアメリカに任せたのと同じように、同盟国は、台湾の行政と管轄を中国に任せた、と認識することができる」と述べ、「台湾問題の処理は、日本と締結する平和条約の一部である」と明確に認識していた。

しかし実際には日本政府がポツダム宣言を受諾して降伏した直後、トルーマンはただちに命令を出し、中国にいるすべての日本軍は蒋介石及びその代表者に投降することを命じ、台湾駐屯の日本軍もこの命令にしたがって国民党軍に投降した、という事実がある。このトルーマンの行動は、彼自身がカイロ・ポツダム両宣言を念頭において行動していたこと示すものである。また、上記のトルーマン及びアチソン声明も、「無主の地」・台湾という考え方を前提にしてはなりたち得ないことは明らかだ。

また「無主」論と「未決」論とは明らかに異質な議論で、両者のあいだには接点がない。ところがアメリカは強引に対日講和条約で「未決論」に根拠を与える処理をでっち上げることによって、対日講和条約締結後の台湾は「無主の地」になったということにし、無理としかいいようのない主張にいわば後づけの証拠材料をねじこませたのだ。

3．アメリカ政府は、台湾の地位の問題とは切り離して、国民党政権を「中国を代表する唯一の正統な政権」として承認しているとする主張

この主張を根拠にして米台（華）相互防衛条約及び日華平和条約が締結されたことはすでにふれた。

国際法上の原則として、どのような政府といえども、一国を代表する「政府」として国際的に認められるためには、その政府が領有を主張する領域の大半に対して権力が及んでいること

（「実効的な支配の確立」）が必要とされる。しかし、中国大陸を支配してもいない国民党政権が、アメリカが「無主の地」とするはずの台湾に居座ること自体、国際法的に認められるはずがない事態だ。卑近な例にたとえてみるならば、たまたま無人の家に浮浪者が住み着いたようなもので、その家の持ち主に見つかれば、ただちに追い出されることになるだろう。

アメリカがやったことは、浮浪者である国民党政権が居直りを決めこむことを手助けすることと同じである。〝国際的な放浪者〟とでも形容する以外にない国民党政権が台湾に対して支配を及ぼすことを認めるような国際法は存在しない。逆に国民党政権の支配を法的に認めるとすれば、台湾は「無主の地」などではなく、「中国の一部」であることを認めることが大前提とならなければ筋が通らない。

4．国連憲章は集団的自衛権の行使を認めており、アメリカは、アメリカが国家として承認している中華民国に対する中国からの攻撃に対して防衛するために、集団的自衛権を行使することはできるという主張

具体的にいえば、アメリカは台湾という「無主の地」を外部の不法侵入から守ろうとしているわけではなく、アメリカが正当な中国を代表すると認めてきた中華民国政府に対する攻撃を、集団的自衛権に基づいて守っているのだ、という主張である。アメリカ政府が米台相互防衛条約を締結したのは、この判断に基づくものということになる。

アメリカが集団的自衛権に基づいて、ある国家が中国から攻撃される場合にその防衛に協力することは、確かに「集団的自衛権の行使」として国連憲章で認められている。しかし具体的防衛の対象となる台湾は、アメリカの主張によっても、国民党政権が事実上支配(「事実上の居座りを決めこむ」)しているにすぎない。その「無主の地」の台湾を国民党政権が防衛するとし、しかもそのためにアメリカ軍が軍事的に協力することを認める法的根拠がどこにあるのか。ここでも、台湾を「無主の地」とするアメリカの主張の破綻はあまりにも明らかだ、というしかないだろう。

二一世紀の日中、米中そして日米中関係の真の平和と安定及び繁栄を展望する場合の最大の障害は、アメリカと日本が台湾を中国から切りはなした存在としておきたいという野心を捨てないことにあり、その野心を支える唯一のよりどころが「未決論」にある。なぜ米日両国が「未決論」にしがみつくかといえば、すでに述べたように「台湾は中国の領土の一部」ということを認めれば、日米新ガイドラインの周辺事態に台湾を含ませ、それを根拠に台湾問題に軍事的に介入することは、中国の内政問題に干渉することとして国際法上許されなくなるからだ。

なぜアメリカと日本は、台湾を中国から切りはなしたいのか。アメリカとしては、アメリカに対抗する実力を擁するライバルが出現することを防止したい。アメリカがアジア太平洋地域で軍事的覇権を維持する上で、強力な中国の出現は重大な障害となる。何よりも国際政治経済秩序のあり方についてアメリカに対して正面から異議申し立てを行う中国は、アメリカの目からすれば、二一世紀国際関係における最大の脅威と映る。その中国を制約する上では、台湾をアメリカの影響下においておくことは重要な意味がある。

日本の場合はアメリカのような戦略的発想はない。複雑な日中関係の歴史を背景に、「日本の上に立つ」中国が現れることに不快感（嫌中感情）がどうしても首をもたげるのだ。

経済建設・国民生活の向上を長期的な最重要戦略とする中国が、先手をとって台湾に軍事力を行使することはありえない。台湾海峡で戦争が起こる可能性があるとすれば、それはもっぱら米日の議会・国会の親台湾ロビーの支持を当てにして台湾当局が独立（形式は問わない）に走るケースしかない。その場合、「未決論」を根拠にしてアメリカが軍事行動を起こし、新ガイドラインに基づいて日本が自動的に国を挙げてアメリカに対する後方支援体制を起動させる。中国としては米日の軍事行動に対抗する以外の選択肢はない。中国が戦争の引き金を引くのではない。台湾海峡で戦争ありとするならば、それはもっぱらアメリカと日本が原因をつくるのだ。この点をハッキリ認識してほしい。

米中軍事対決がエスカレートすれば、アメリカの作戦基地である日本が中国の核ミサイルによる反撃の対象となる危険性が出てくる。中国の決意にひるむアメリカが、日本が中国の反撃で甚大な被害を被った段階で中国と休戦するシナリオすら考えられる。日本はアメリカのご都合主義によって「捨て石」にされる可能性は十分にある。そのとき最大の被害を受けるのは私たち日本国民なのだ。

日米新ガイドラインの実現に突き進む保守政治に、これ以上日本の政治、命運をまかせるわけにはいかないことが分かるだろう。日米中関係を平和と繁栄の軌道に乗せる最初の最大のステップは「未決論」の清算である。本章で記したように「未決論」は虚構でしかない。虚構を清算することはしごく簡単である。対外的に「未決論」を放棄することを宣言すればいいのだ。それによって自動的に、台湾は日米安保の極東条項、新ガイドラインの周辺事態からのぞかれる。台湾をめぐる軍事衝突の危険性を取りのぞくことができ、東アジアに真の平和と繁栄の基盤を作りあげることができるのだ。

✣日中・米中関係＝略年表

一八五三	7月、アメリカ東インド艦隊司令長官ペリー、浦賀に来航。
五四	3月、日米和親条約調印。 6月、アメリカ、上海に租界を獲得。
七一	9月、台湾に漂着した琉球島民五四名、先住民により殺害される。
七四	5月、日本軍、三年前の事件を理由に台湾出兵（清国から五〇万両の償金を受け取って決着）
九四	7月、日本軍、朝鮮王宮を占領した後、清国と開戦（日清戦争）。
九五	4月、日清講和条約（下関条約）調印。清国は日本へ台湾、澎湖諸島を割譲し、賠償金二億両を支払う。 5月、台湾島民反乱、台湾民主国を宣言。 同月末、日本軍、台湾北部に上陸。
九九	9月、ヘイ米国務長官、中国における「オープン・ドア」政策を各国に要求。
一九〇〇	6月、中国の民衆蜂起。義和団、北京の公使館区域攻撃。 8月、日本軍、アメリカ軍など、八カ国連合軍として北京城内に侵攻。
〇四	2月、日本陸軍、朝鮮の仁川に上陸。海軍、旅順港外のロシア艦隊を攻撃（日露開戦）。清国政府、日露戦争に対し局外中立を宣言。
〇五	6月、ルーズベルト米大統領、日露両国に講和を勧告。9月、米国ポーツマスにて日露講和条約調印。 12月、満州でのロシアの利権引継ぎに関する日清条約調印。
一一	10月、中国に辛亥革命起こる。
一二	1月、中華民国成立。
一四	7月、第一次世界大戦勃発。日本、ドイツに宣戦布告。9月、中国の山東省に出兵、 11月、ドイツの租借地だった青島を占領。
一五	1月、中国、日本軍の撤退を要求。 同月、日本、中国に対し21カ条の要求をつきつける。 3月、米国務長官、日本の対華要求の一部に不同意の覚書を駐米大使に手交。 5月、中国政府、日本の最後通牒に屈し21

カ条要求を受諾。

一七　11月、日米両国、中国に関し、米国は日本の特殊利益を認め、両国は中国の独立、門戸開放の尊重を約束する公文を交換（石井・ランシング協定）

一八　9月、山東問題で日中公文交換。
11月、第一次世界大戦終結。

二七　5月、日本、第一次山東出兵。

二八　4月、日本、第二次山東出兵。5月、日本軍、中国・済南で国民政府軍と衝突。6月、関東軍、張作霖を爆殺。

三一　9月（18日）、日本軍、中国東北（満州）の柳条湖で満鉄線路を爆破、これを口実に中国軍への攻撃を開始（満州事変）。

三二　1月、日本海軍、上海で中国軍と交戦。
3月、「満州国」建国宣言。

三三　2月、国際連盟、リットン調査団報告にもとづき日本に対する満州からの撤退勧告案を可決。3月、日本、国際連盟を脱退。

三五　8月、中国共産党、全国民に抗日救国を呼びかける。

三七　7月（7日）、盧溝橋で日本軍、中国軍と衝突（日中戦争始まる）。
9月、蔣介石、対日抗戦の決意を表明。

「国共合作」成立。
12月、日本軍、南京を占領、大虐殺事件を引き起こす。

三九　9月、ドイツ軍、ポーランドに侵攻、英仏、対独宣戦、第二次世界大戦始まる。

四〇　9月、日独伊三国同盟調印。

四一　8月、米国、対日石油輸出を全面停止。
10月、米国、日本の中国からの撤兵要求の覚書を手交。
12月（8日）、日本軍、ハワイ真珠湾奇襲攻撃、マレー半島上陸、対米英宣戦布告。

四三　11月、エジプトのカイロでルーズベルト米大統領、チャーチル英首相、蔣介石中国総統が会談、戦後の領土処理を決める（カイロ会談）。

四五　8月、日本政府、ポツダム宣言受諾（第二次世界大戦終結）、日本は米軍を主体とする連合国軍の占領下に入る。
9月、中国国民党軍、台湾に入る。

四六　6月、中国、国共内戦はじまる。

四七　2月、台湾で反国民党政府民衆蜂起（2・28事件）。

四九　10月、中華人民共和国成立。

五〇　6月、朝鮮戦争勃発。7月、国連安保理、

	ソ連の欠席下で朝鮮への「国連軍」派兵を決議。10月、国連軍、38度戦を越えて北進、中朝国境に迫る。11月、中国人民義勇軍、朝鮮戦争に参加。
一九五一	2月、国連総会、中国を侵略者と決議。 9月、サンフランシスコで対日平和条約・日米安保条約調印。中華人民共和国、中国政府不参加の対日平和条約は「不法かつ無効」と声明。
五二	4月、日本政府、台湾の蒋介石政権と日華平和条約を調印。
五三	7月、朝鮮休戦協定調印。
五四	4月、米中両国参加のジュネーブ会議（〜7月）。 7月、防衛庁・自衛隊発足 9月、中国軍、金門・馬祖島を砲撃（第一次台湾海峡事件）。 12月、米台相互防衛条約調印。
五五	8月、第一回米中大使級会議（ジュネーブ）。
五六	4月、中ソ経済協力協定調印。
五八	8月、中国軍、金門・馬祖島砲撃（第二次台湾海峡事件）。
六〇	6月、日米安保条約改定成立。 7月、ソ連、対中経済援助停止を通告。
六一	12月、国連総会、中国代表権問題を「重要事項」に指定。
六二	11月、高碕達之助、廖承志と日中民間貿易に関する覚書調印（LT貿易）。
六三	2月、中ソ論争公然化。
六四	8月、トンキン湾事件、米空軍、北ベトナムを爆撃。アメリカのベトナム戦争への本格介入はじまる。
六六	5月、文化大革命はじまる。
七一	7月、キッシンジャー米大統領補佐官、北京を訪問して周恩来首相と会談。ニクソン米大統領の訪中計画を発表。 10月、国連総会で、中国が国連代表権を獲得。
七二	2月、ニクソン米大統領、中国を訪問、周恩来首相・毛沢東主席と会談（上海コミュニケ発表）。 9月、田中首相訪中、29日の日中共同声明発表で日中国交回復、日華条約は失効。
七四	8月、ニクソン米大統領辞任。 12月、フォード米大統領、中国を訪問し、鄧小平副首相と会談。
七五	4月、蒋介石没。 5月、北ベトナム・解放戦線軍、サイゴン

	入城、ベトナム戦争終わる。
一九七六	1月、周恩来没。9月、毛沢東没。
七七	8月、文化大革命終結宣言。12月、中国共産党中央委員会総会、鄧小平の指導権確立、改革開放政策へ。
七八	4月、カーター米大統領、「一つの中国」を承認、米中国交正常化への意欲を宣言。10月、鄧小平副首相来日、日中平和友好条約批准書交換。11月、日米防衛協力のための指針（ガイドライン）決定。12月、米中国交正常化コミュニケ発表。
七九	1月、米中国交樹立。鄧小平副首相、訪米。4月、米議会、「台湾関係法」を可決。
八二	5月、中国・趙紫陽首相来日、鈴木善幸首相と会談、日中提携強化を確認。5月、ブッシュ米副大統領、訪中して鄧小平副首相と会談。8月、対台湾武器輸出に関する共同コミュニケを発表。7月、中国政府、日本の歴史教科書の記述が日中共同声明の精神に違反と抗議。9月、鈴木首相が、訪中、教科書記述の是正を表明。11月、文相、アジア諸国との理解と協調を社会科教科書の検定基準に加えると告
	示。
八三	1月、中曽根康弘首相、訪米してレーガン大統領と会談、日米「運命共同体」を声明。11月、胡耀邦総書記、訪日。
八四	2月、鄧小平、「一国二制度」構想を提起。3月、中曽根首相、訪中。
八五	8月、中曽根首相、首相としてはじめて靖国神社に公式参拝。同月、南京に大虐殺記念館開館。
八六	12月、台湾の立法院選挙で民主進歩党、躍進。
八八	1月、台湾の蔣経国総統死去、後任に李登輝。
八九	1月、昭和天皇没。6月、北京で天安門事件起こる。江沢民、総書記に就任。11月、ベルリンの壁崩壊。
九〇	8月、イラク軍、クウェートに侵攻（湾岸危機）。11月、国連安保理、対イラク武力行使容認決議（中国棄権）。
九一	1月、米軍を主軸とする多国籍軍、イラク攻撃（湾岸戦争）。
九二	8月、PKO協力法成立。同月、中国、韓

一九九三	国と国交樹立。 9月、自衛隊第一陣、カンボジアへ出発。 10月、天皇・皇后、初めて中国を訪問。 11月、江沢民主席、訪米、クリントン大統領と会談（以後、九四、九五、九六年と首脳会談）。
九五	6月、衆議院、戦後五〇周年の不戦決議（「終戦五〇周年に際して国会としての侵略戦争に対する反省をあらわす決議」）を採択。 8月、河野洋平外相、中国の地下核実験に抗議、中国に対する次年度以降の無償資金協力を凍結。
九六	3月、台湾初の総統直接選挙で、李登輝総統が当選。その選挙期間中、中国は台湾海峡で軍事演習を実施。それに対し米国は、空母二隻を台湾沖に派遣。 4月、橋本龍太郎首相とクリントン米大統領、日米安保共同宣言に署名（安保「再定義」）。
九七	2月、鄧小平没。 7月、香港、英国より中国に返還される。 9月、橋本龍太郎首相、訪中。日米両政府、新しい日米防衛協力の指針（新ガイドライン）に合意。 10月、江沢民主席訪米、米中共同声明を発表、「建設的な戦略的パートナーシップの確立」で合意。 11月、李鵬首相、訪日。
九八	6月、クリントン米大統領、中国訪問。 11月、江沢民主席、国家主席として初の訪日。
九九	5月、コソボ紛争でユーゴスラビアを空爆したNATO軍機、ベオグラードの中国大使館を爆撃。中国政府、米国を非難。クリントン米大統領、ホットラインを使って江沢民主席に謝罪。 5月、新ガイドラインにもとづく周辺事態法成立。
二〇〇〇	6月、米国防省、「ジョイント・ビジョン二〇二〇」発表。 9月、米議会、中国に対する最恵国待遇の恒久化を可決。 10月、朱鎔基首相、訪日。市民との対話集会に出席する。

あとがき

私はこれまで、中国について本を書きたいと思いながら、なぜか縁がなくて書く機会に恵まれなかった。日本国内で支配的な「中国」像は、外務省勤務の時代の中国体験をふまえた私から見ると、実像からかけ離れたものが多く、常に違和感を味わわされてきた。しかしこれらの「中国」像が支配的であっても、日中関係そして日中両国がともにかかわる国際関係に深刻な影響が生まれない限り、自分から積極的に出版社とかけあって本を書くという気持ちにまではならなかった。しかも一九九〇年代を通じて、日本の「軍事貢献」、日米安保「再定義」、新ガイドライン、周辺事態法と、日米軍事同盟にかかわる急激な事態の展開があり、そういう問題に多くの時間を費やすことを迫られたこともあり、ますます中国をテーマにして本を書く機会から遠ざかっていた。

しかし、今のままの日中関係を放置しておいたらいずれとんでもないことになるという思いは、じつはかなり前から私の胸に深く滞ってきたことなのだ。私が日中関係の実務にたずさわるなかで、そういう思いに確信をもったのは、一九八二年のいわゆる歴史教科書検定問題事件をめぐる日中の外交上のはげしいやり取りの渦中に、在中国日本大使館の政務担当参事官として身をおいたときだった。迂闊にもこの問題が深刻化するまで、私は日本の文部省が歴史教科書の記述内容に、微に入り細をうがって立ち入り、史実をゆがめ、あるいは記述させないようにするために強力な介入を行っていることを知らなかった。しかし事件の真相を知り、教科書検定に臨む文部省の歴史認識について理解を深め、さらにはその背後にある戦後保守政治における中国をはじめとするアジア諸国に対する認識の所在を改めて生々しく実感するに及んで、私は、日中関係（ひいては日本とアジア諸国の関係）がいかに脆弱な土台の上になり立っているかを痛切に思い知らされたのだった。

このときの認識は、その後外務省アジア局の中国課長、地域政策課長としてさまざまな実務を扱うなかでますます深まっていった。アメリカに全面的に従うことが外交目標になってしまった戦後の日本には、日本独自の対アジア政策と呼びうるものはない。戦後の日本外交は、なにか問題が起こったらそれに受け身的に反応するという状況対応を基本的な性格としている。ただしアジア諸国との関係では、状況対応を基本としつつ、私が「過去の遺産」と名づける、過去におけるアジア諸国に対する侵略・植民地支配の事実を覆い隠し、あるいは美化し、さらには居直って正当化する意識の働きが加わる。その根底に流れるのは、いわれのないアジア蔑視の感情である。第I章で述べた日本国内で支配的な「中国像」もこのような流れを汲むものが少なくない。上記の歴史教科書検定事件、一九八五年の中曽根首相による靖国神社公式参拝事件などは、まさにこのような脈絡のなかで位置づけられる。

中国をはじめとするアジア諸国が猛烈な抗議を行うと、状況対応の日本外交は、その場をおさめるためになにがしかの譲歩をする。歴史教科書検定事件の時は、検定にあたって「外交的配慮」を行うという譲歩を行った。その譲歩の意味するところは、「史実だから記述を認める」ということではなく、「外交的に問題が起きると困るので記述を認める」ということなのだ。中曽根首相以後の首相が靖国神社公式参拝を控えるのも、まったく同じ「外交的配慮」だ。「配慮」にすぎない以上、彼らの中国ほかのアジア諸国に対する認識が変わることはありえない。

私が中国についてなにか書かなければという気持ちが次第に強くなったのは、とくに一九九六年の安保「再定義」以後における日米軍事同盟の変質強化を目指す急ピッチな事態の進展が、中国と深いかかわりを持っていることが明らかになってきたからである。アメリカは、中国が二一世紀にアメリカに対抗する超大国となることに警戒感を強めている。日本は、中国がアジアにおいて日本を凌駕する大国となることに対して違和感のとりこになっている。中国を牽制するために十分な軍事的措置をとる必要があるという点で、両国の意志は合致する。

安保「再定義」は当初、ありもしない北朝鮮の軍事的「脅威」性を前面に押し出した。「ならず者国家」脅威論に立つアメリカと、長年にわたって国民のあいだに扶植された「何をしでかすか分からない」北朝鮮というイメージで国民の感覚を麻痺させてきた日本は、「北朝鮮の脅威に備えるための新ガイドライン」という筋書きで進んできた。しかし韓国の金大中大統領の「太陽政策」に北朝鮮の金正日総書記が積極的に応じて南北首脳会談が実現し、南北の交流が着実に進むことになって、この筋書きには大きな狂いが生じた。今やアメリカも、朝鮮半島が平和的に緊張の緩和を実現することをめざす韓国の政策を支持している。北朝鮮を「ならず者国家」と決めつける政策も取りさげられた（前述）。

しかしアメリカのアジア太平洋における軍事戦略は、朝鮮半島だけを視野におさめたものではない。むしろ「ならず者国家」脅威論の虚構性が白日の下にさらされた今、アメリカは「非対称的脅威」としての中国を正面にすえた軍事戦略をアジア太平洋地域で展開する姿勢をむき出しにしつつある。アメリカがアジア太平洋地域における軍事戦略の中心にすわるのは、あくまでこの地域での軍事的覇権・優位性を確保することである。そのためにアメリカが採用する政策はいわゆる合従連衡《がっしょうれんこう》策だ（なおアメリカは当面、非対称的脅威の対象として中国をすえているが、アメリカの意のままにならなくなる日本も、非対称的脅威の有力候補である。日本が平和国家としての道を歩むことを鮮明にすればアメリカも安心するが、たとえば石原慎太郎ばりの偏狭なナショナリズムが日本を支配することになれば、アメリカが中国と一緒になってそんな日本を押さえにかかることも十分に考えられるのだ)。

具体的な例で考えた方が分かりやすいだろう。日本と中国、朝鮮半島及び東南アジア諸国との関係が強い信頼関係で結ばれ、中国も近隣諸国とのあいだに友好関係を築き上げれば、アジア太平洋地域にアメリカ軍が居座るいかなる理由もなくなるのだ。このような事態は、少なくとも現在のアメリカにとっては受けいれられるものではない。そのためには、なんとしてでもアジア諸国のあいだで連帯感が生まれ、育つことを阻止しなければならない。

日本では、アメリカの戦略を受けいれることを可能にしかねない実像からかけ離れた「中国像」が一人歩きしている状況があることはすでに述べた。つまり「アジアで覇権を狙う中国」「軍事力増強に邁進する中国」「領土的野心に燃えた中国」、要するに「放っておいたら取り返しのつかない存在になりかねない中国」というさまざまな中国警戒論である。

私はいま、日本人がこれらの実像からかけ離れた「中国像」を払拭しない限り日中関係を正すことはできないし、アメリカの自国本位の戦略に利用されて敵対関係の枠組みの中に引きこまれてしまう危険性を強く感じている。なんとかして正確な中国の実像を一人でも多くの日本人に理解してもらいたい、という気持ちである。

幸い、そういう私の問題意識について高文研の山本邦彦氏から好意あるご理解をいただいた。原稿をまとめあげるまでにかなりの時間を費やしたが、辛抱強く待っていただくことができた。山本氏だけではなく、代表の梅田正己氏も私の原稿を詳細に読んでくださり、適切なコメントを加えてくださった。お二人のご理解とご協力なくしては、この本が日の目を見ることはなかったと思う。厚く感謝申し上げたい。

二〇〇〇年一〇月一日（中国の建国記念日）

浅井基文

浅井　基文（あさい・もとふみ）
1941年、愛知県生まれ。63年、東京大学法学部を中退し、外務省に入省（88年まで。その間、80〜83年には在中国日本大使館に政務参事官として勤務、83〜85年には外務省中国課長を務める）。その後、東京大学教養学部教授（88〜90年）、日本大学部法学部教授（90〜92年）を経て、92年から明治学院大学国際学部教授。国際社会論及び日本政治論を担当。
主な著書に、『日本外交—反省と転換』（岩波新書）、『新保守主義』（柏書房）、『大国日本の選択』（旬報社）、『非核の日本　無核の世界』（旬報社）、『新ガイドラインQ＆A』（青木書店）など。

中国をどう見るか
●二〇〇〇年一一月二〇日——第一刷発行
著　者／浅井　基文
発行所／株式会社 高文研
東京都千代田区猿楽町二−一−八
三恵ビル（〒一〇一＝〇〇六四）
電話　03＝3295＝3415
振替　00160＝6＝18956
http://www.koubunken.co.jp
組版／高文研電算室
印刷・製本／凸版印刷株式会社
★万一、乱丁・落丁があったときは、送料当方負担でお取りかえいたします。
ISBN4-87498-247-6　C0036

◆沖縄の現実と真実を伝える高文研の本 1

観光コースでない 沖縄 第三版
新崎盛暉・大城将保他著 1、600円
今も残る沖縄戦跡の洞窟や碑石をたどり、広大な軍事基地をあるき、揺れ動く「今日の沖縄」の素顔を写真入りで伝える。

沖縄修学旅行 第2版
新崎盛暉・目崎茂和他著 1、300円
戦跡をたどりつつ沖縄戦を、基地の島の現実を、また沖縄独特の歴史・自然・文化を、豊富な写真と明快な文章で解説！

新版 沖縄・反戦地主
新崎盛暉著 1、700円
基地にはこの土地は使わせない！ 圧迫に耐え、迫害をはね返して、〝沖縄の誇り〟を守る反戦地主たちの闘いの軌跡を描く。

改訂版 沖縄戦 民衆の眼でとらえる「戦争」
大城将保著 1、200円
集団自決、住民虐殺を生み、県民の四人に一人が死んだ沖縄戦とは何だったのか。最新の研究成果の上に描き出した全体像。

「集団自決」を心に刻んで ●一沖縄キリスト者の絶望からの精神史
金城重明著 1、800円
沖縄戦〝極限の悲劇〟「集団自決」から生き残った16歳少年の再生への心の軌跡。

●女性カメラマンがとらえた 沖縄と自衛隊
石川真生／写真と文 2、000円
沖縄に生きる女性写真家が体当たりでとらえた自衛隊の実像と市民社会浸透作戦。

沖縄戦・ある母の記録
安里要江・大城将保著 1、500円
県民の四人に一人が死んだ沖縄戦。人々はいかに生き、かつ死んでいったか。初めて公刊される一住民の克明な体験記録。

情報公開法でとらえた 在日米軍
梅林宏道著 2、500円
米国の情報公開法を武器にペンタゴンから入手した米軍の内部資料により、初めて在日米軍の全貌を明らかにした労作！

これが沖縄の米軍だ
石川真生・國吉和夫・長元朝浩著 2、000円
沖縄の米軍を追い続けてきた二人の写真家と一人の新聞記者が、基地・沖縄の厳しく複雑な現実をカメラとペンで伝える。

ひめゆりの少女 ●十六歳の戦場
宮城喜久子著 1、400円
沖縄戦〝鉄の暴風〟の下の三カ月、生と死の境で書き続けた「日記」をもとに戦後50年のいま伝えるひめゆり学徒隊の真実。

情報公開法でとらえた 沖縄の米軍
梅林宏道著 3、000円
いまやアジアからアフリカ東岸までをにらむ戦略・作戦基地となった在沖米軍の全部隊と基地の実態を暴露した問題作。

基地の島から平和のバラを
島袋善祐・宮里千里 1、600円
沖縄で米軍と対峙してバラ作りに励む反戦地主・島袋善祐氏が、ユーモアあふれる個性的な語り口でその半生と思想を語る。

★表示価格はすべて本体価格です。このほかに別途、消費税が加算されます。